Ein Buch aus dem Verlag

Slotta, Uli:
„Tiro!" – Flugwild kommt. Geschichten zur Jagd auf Federwild. –
1. Auflage. – Hannover: Landbuch Verlag Hannover, 1999.
ISBN 3 7842 0582 8

1. Auflage 1999
© Landbuch Verlagsgesellschaft mbH Hannover
Postfach 160, 30001 Hannover
Kabelkamp 6, 30179 Hannover
Tel.: 0511/678 06-0
Fax: 0511/678 06-220
http://www.landbuch.de

Projektleitung: Ulrike Clever, Landbuch Verlag Hannover
Lektorat: Erhard Brütt, Landbuch Verlag Hannover
Korrektorat: Hans-Joachim Dolff, Landbuch Verlag Hannover
Titelbild: Jürgen Weber, Bad Münder
Fotos: Uli Slotta
Gestaltung: Simone Hettling, Landbuch Verlag Hannover
Gesamtherstellung: Landbuch Verlag Hannover

ISBN: 3 7842 0582 8

Uli Slotta

"Tiro!" –
Flugwild kommt

Geschichten zur Jagd auf Federwild

Landbuch
Verlag Hannover

Autor

Ulrich Slotta, 1944 als Sohn eines Landarztes und leidenschaftlichen Jägers geboren, absolvierte bereits mit 15 Jahren die Jägerprüfung. Der Autor eignete sich sowohl mit der Büchse als auch mit der Flinte beachtliche Schießfertigkeiten an, so dass er in seiner Jugendzeit erfolgreich an sportlichen Wettbewerben im Skeet-Schießen teilnahm. Der Dipl.-Volkswirt und Dipl.-Handelslehrer ist als Schulleiter einer EDV-Schule in Niederbayern mit der Ausbildung von Informatikern beschäftigt. In seiner Freizeit sammelt der Autor gerne neue jagdliche Eindrücke in fremden Ländern.

Inhalt

„Tiro!", so lautet bei Gemeinschaftsjagden der Zuruf an den Standnachbarn, der auf anstreichendes Federwild aufmerksam gemacht werden soll. Selten sind in einem Buch die Erlebnisse eines hochpassionierten Flugwildjägers so eindringlich geschildert und in Selbstironie beleuchtet worden. Deutlich wird die richtige Handhabung der Flinte selbst dem Fachmann vor Augen geführt.

Ein lehrreiches, höchst unterhaltsames Buch, das jeder Jäger, vor allem Niederwildjäger, gelesen haben muss, denn hier berichtet ein Jäger erster Klasse, der es versteht, mit Witz und Ironie die Aufregungen und Freuden der „niederen Jagd" nachvollziehbar zu schildern.

Die Passion zu jagen wurde mir durch meine Geburt als Sohn eines faszinierten Jägers mit in die Wiege gelegt. Dabei hatte und hat die Jagd für mich, je nach Alter und Lebensabschnitt, durchaus mehrere Interpretationsformen angenommen: Zunächst war wohl der historische Ansatz des Beutemachens in eher sportlich fairer Ausprägung dominant. Später dann stand der stärker in Hege des Wildes mündende Ansatz im Vordergrund. Danach kam die Jagd in ihrer Auslegung als verantwortlicher Umgang mit der Kreatur. Schließlich ist Jagd in ihrer zuletzt erlebten Form dazu da, persönliche Horizonte zu erweitern und sie mit neuen, bisher nicht gekannten Mustern zu belegen. In allen Phasen war und ist Jagd in einen zunehmend wachsenden Gesamtkomplex an Ansprüchen als „Erlebnis" eingebettet.

Auch heute noch vermag mich Jagd in Aufregung zu versetzen. Jagen ist immer wieder anders und stellt sich trotz zahlreicher, scheinbarer Wiederholungen in immer neuem Gewande dar. Mit Jagd verbunden ist aber auch immer wieder Hoffnung und Bewährung und schließlich auch Dankbarkeit. Dabei bedeutet Jagen für mich, Jagen ausschließlich mit der Flinte. So finden bewegliche und besonders schnelle Ziele mein großes Interesse. Jagen ist für mich damit nicht bloß pflichtgemäße Wildstandsregulierung, nein, Jagen vermag auch große Freude und Genugtuung zu vermitteln. Kein Jagdtag ist mit dem vorherigen direkt vergleichbar. Jeder Ansitz zeigt neue Eindrücke und Erkenntnisse, jede Gesellschaftsjagd wie jedes mit Freunden bestrittene Jagderlebnis vermittelt neue Bilder, die sich in der Erinnerung unauslöschbar verfestigen und einprägen. Die Summe dieser Bilder und Eindrücke ist es, die letztendlich ein reiches und erfülltes Jägerleben ausmacht. So ein Jägerleben ist dann nichts anderes als eine Summe erfahrener Momente, erlebter Augenblicke, die sich in Erinnerung anhäufen. Damit keiner dieser wichtigen Momente verloren geht, habe ich sie aufgeschrieben.

Meine Geschichten, die ausschließlich von Jagden „des kleinen Mannes" erzählen, sollen aufzeigen, dass es nicht unbedingt ein kapitaler Bock, ein riesiger Hirsch oder auch ein prächtiger Auerhahn sein muss, der die Freude des Jägers wecken kann. Auch eine kleine Schnepfe, ein Rebhuhn oder auch ein Täubchen vermag jagdliches Erleben in Vollkommenheit zu vermitteln. Bei aller sporadisch auftretender Unzulänglichkeit ist auch bei dieser Art zu jagen viel Freude und Begeisterung zu ernten. Oftmals kann dabei ein Zustand erreicht werden, der einfach mit „Glück" beschrieben ist.

Dem aufmerksamen Leser wird auffallen, dass meine Jagdgeschichten keineswegs zu den klassischen Zielen für Flugwildjagden nach Spanien auf Rothühner, nach Argentinien auf Wasserwild oder auch nach Irland auf Bekassinen führen. Aber noch bin ich hoffentlich als Jäger nicht am Ende angelangt und träume noch von weiteren schönen Jagden und faszinierenden Reisen.

INHALT

ERSTES KAPITEL

Die Passion wird entfacht

Jagen – von Kindesbeinen an

Als Sohn eines Landarztes, der ein begeisterter Jäger war und jede freie Minute diesem Hobby widmete, hatte ich beste Voraussetzungen, mit dem Thema Jagd „richtig" heranzuwachsen. Schon als kleiner Junge lernte ich, auf den Ansitz mitgenommen, für mehrere Stunden Ruhe zu bewahren. Wenn ich auch immer froh war, wenn endlich das Signal des Vaters „zum Abbaumen" ertönte, war ich bereits zu jener Zeit ein begeisterter und bei meiner sonstigen, eher hektischen Lebensart auch überraschend ausdauernder Beobachter des Wildes. Mit den entsprechenden Erläuterungen des Vaters unterstützt wuchs in mir ein Jünger des Weidwerkes heran, der schon und gerade in jungen Jahren viele jagdliche Eindrücke miterleben und sammeln konnte. Bei einem überreichen Angebot von Niederwild boten sich zahlreiche Möglichkeiten, auf diversen Jagdveranstaltungen teilzunehmen, sei es als Beobachter auf dem Hochsitz, als „Hintermann" am Anstand, als Hundeführer, Nachsuchenhelfer und Begleiter auf Gesellschaftsjagden, als Wildträger und schließlich auch als Helfer beim Zerwirken des Wildes.

Auch als Treiber konnte ich früh meine Erfahrungen machen, wie ein Fuchs aus einer Dickung zu drücken war, wie man Rehe in Bewegungsjagden vor die Büchse der lauernden Jäger brachte und auch wie man ein Unterholz, voll besetzt mit Fasanen, so durchstreift, dass die Vögel nicht alle in einem Pulk hoch werden. Aber nicht nur die positiven, schönen und bereichernden Seiten des Daseins als Jäger bzw. als dessen ständiger Begleiter durfte ich erleben.

Schon in jungen Jahren wurde ich auch mit „Jägern" und jagdlichen Erlebnissen konfrontiert, die eher der Rubrik „Möglichst zu vergessen" zuzuordnen sind. So musste ich hilflos mit erleben, wie ein Mensch völlig achtlos, roh und kalt mit der Kreatur umging: Als etwa Zehnjähriger traf ich einmal in unserem Revier mit einem der dort ausgehenden „Jäger" zusammen, als der gerade ein Reh geschossen hatte. Aber das Tier war noch nicht verendet, sondern hatte beim Herantreten das Haupt hoch und versuchte auch zu entfliehen. Dieses gelang ihm allerdings wegen der Schwere der Schussverletzung nicht mehr. Der besagte „Jäger" griff das Tier und versuchte es zu erdrosseln. Ich herrschte ihn an, das todkranke Tier doch auf schnellstem Wege durch Abnicken von seinem Leid zu erlösen. Ein Messer hätte er, so gab er mir zur Antwort, nicht dabei. Dann solle er ihm wenigstens einen Gnadenschuss versetzen, forderte ich weiter. Auch dieses wurde mir ohne Kommentar verweigert. Mit brutaler Gewalt versuchte der Schreckliche, das unaufhörlich klagende Tier zu erdrosseln oder ihm die Halswirbel durch Abdrehen des Hauptes zu brechen. Es dauerte für mich völlig Machtlosen eine Ewigkeit, bis dass das Tier endlich verendet war. Ein grausamer Killer hatte in mir erhebliche Abscheu und Ekel geweckt.

Dieser Mensch veranlasste mich durch seine scheußliche Tat, einer Jagdzeitschrift über diesen Vorfall zu berichten. Nach erfolgter Recherche über den Wahrheitsgehalt meiner Darstellung und der Bestätigung durch meinen Vater wurde dieser Artikel auch veröffentlicht. Es war mein erster Schritt hin zur Jagdberichterstattung, die von da an nur noch erfreulichere Themen aufgreifen sollte. Aber dieser grässliche Vorfall bestätigte in mir die Verantwortung und das Verlangen, dem Wild stets möglichst fair zu begegnen. Hierzu gehört auch, bei der Ausübung der Jagd bzw. beim Abgeben von Schüssen möglichst sorgfältig und gewissenhaft umzugehen. In meinen Augen besteht für jeden ernsthaften und verantwortungsvollen Jäger auch eine Pflicht, sich für den Schuss entsprechend vorzubereiten und zu üben.

Die Kunst des Schießens muss stets geübt werden

An die Fertigkeit des Schießens wurde ich schon in frühem Alter heran geführt. Mein Vater war ein gewissenhafter Schütze. Als einziges Gewehr führte er seinerzeit eine wunderbare Merkel 203 Bockdoppelflinte, die mit einem Wechsellauf als Bockbüchsflinte ergänzt war. Dieses Prachtstück der Büchsenmacherkunst war bereits um die Jahrhundertwende erbaut worden. Mit der Kugel war Vater ein echter Meisterschütze, doch mit seiner Leistung, die er mit der Flinte erzielte, konnte er wohl seinerzeit nicht ganz zufrieden sein. Durch mehr Übung wollte er diesem Manko etwas abhelfen. So ließ er sich von einem handwerklich geschickten Jagdfreund eine Transportanlage bauen, die an einem gespannten Eisendraht einen „Blechhasen" über den Boden zog. Als Führungsrollen kamen ausgediente Fahrradfelgen zum Einsatz, zum Antrieb auf der einen Seite der Anlage die Pedale mit Hinterrad. So übte mein Vater mit seinen befreundeten Jägern den Schuss auf den „gezogenen Hasen" bis er mit dem Ergebnis auch zufrieden sein konnte. Dies war wohl die erste Form eines „Rollhasens", der zwar nicht rollte, aber dessen Geschwindigkeit dafür vom Helfer an der Kurbel beinahe beliebig verändert werden konnte. Somit konnte auch der Schwierigkeitsgrad des Schusses variiert werden; mein Vater lernte auf diese Weise auch noch beim Umgang mit der Flinte einiges dazu.

Jedoch nicht genug damit: Um auch das Flugwild – etwa einen streichenden Fasan – zu simulieren, wurde diese „Blechhasenanlage" in Dachhöhe eines niederbayerischen Vierkanthofes quer über den Innenhof gespannt. So war aus dem „Hasen" plötzlich ein „Vogel" geworden, der aus allen Flugrichtungen beschossen werden konnte. Recht lustig ging es damals zu auf dem Hof des Stöckl Max. Keiner protestierte oder hatte nur etwas dagegen, wenn die Jäger mit ihren Flinten im Geviert des Anwesens so richtig Krach machten. Auch das Hofgetier wie Kühe, Schweine, Hühner und Katzen hatte sich wohl an diese Beeinträchtigung gewöhnt. Zumindest war keiner der Beteiligten auf die Idee einer möglichen Störung im Befinden der Haustiere gekommen.

Auf alle Fälle hatte diese Übungsanlage dazu geführt, dass mein Vater seine Schießfertigkeit für die Jagd noch weiter ausbauen konnte. Für mich als Knaben von etwa zehn Jahren war in dieser Zeit nur Mithilfe und Dabeisein angesagt, da für mich der Umgang mit der einzigen, vorhandenen Flinte im Kaliber 12/70 damals noch etwas zu ruppig war. Aber ich konnte seinerzeit auf alle Fälle ‚theoretisch' und beim Kritisieren des „Erzeugers" ganz gut mitreden. Außerdem bekam ich recht deutlich die Vorkehrungen und Regeln mit, die bei einem guten Schrotschuss zu beachten sind und ergänzte diese mit häufigen Anschlagübungen im „Trockenen".

Vater wurde noch ehrgeiziger und kaufte eine Handwurfmaschine für Tontauben nebst zugehörigen Tonscheiben. Mit diesen Utensilien ausgestattet suchten wir im Revier geeignete Stellen aus, an denen man einen turmhohen Stichfasan oder auch einen Querreiter mit

Hilfe der Wurfmaschine simulieren konnte. Als Helfer an der Schleuder leisteten wir, mein ein Jahr älterer Bruder und ich, hierbei wertvolle Dienste. So wurde mein Erzeuger auch als Flintenschütze immer perfekter.

Das Jagen beginnt – auch für mich

Für mich und meinen Bruder, der in alle eben dargestellten Aktivitäten natürlich ebenso mit eingebunden war, wurde es Zeit, dass man uns am jagdlichen Tun allmählich beteiligte: So erhielten wir jeder eine einläufige Flinte und auch ein Kleinkalibergewehr. Wir durften von da an unter Aufsicht gelegentlich einen Eichelhäher, eine Elster oder auch gar einen Fasan erlegen. Der Schuss auf bewegte Ziele wurde uns so schon in jungen Jahren vertraut.

Vaters Freude am Tontaubenschießen war so stark angewachsen, dass wir in jener Zeit mehrere Wettbewerbe in dieser Sportart aufsuchten, die in Niederbayern und auch der Oberpfalz veranstaltet wurden. In Cham fügte es sich, dass neben dem normalen Schießen auch ein extra Schießstand für Kinder aufgebaut war, auf dem sogen. „Claybirds", das waren Tontauben im Miniformat, aus einem Flobert mit „Vogeldunst" zu beschießen waren. Dort zeigten wir, mein Bruder und ich, was in uns steckte: Wir gewannen den ersten und auch zweiten Preis dieses Wettbewerbes. Wie erfolgreich mein Vater an diesem Tage abgeschnitten hatte, habe ich nicht mehr in Erinnerung. Jedenfalls war ab dieser Zeit, da auch wir mit Vaters Flinte bei den Großen mitmischen durften, kaum mehr ein Schießstand in der Region vor uns sicher. Besonders die Doublettenkonkurrenzen und die nicht wiederholbaren Bewerbe wurden häufig zu unserer Beute. Von uns drei Schützen war beinahe immer einer dabei, der ganz oben auf dem Treppchen landete.

Das Besondere und uns auch allmählich Frustrierende bei dieser Art von Veranstaltung, wir nannten sie „Ballontaubenschießen", war, dass die wirklich hoch dotierten Preise nur der gewinnen konnte, der bei den wiederholbaren Serien tagelang am Schießstand seine Kunst versuchte und dabei auch einiges an Schießgeld beim Veranstalter ließ. Uns war es schnell zu dumm, dass nicht der gewinnen konnte, der eben am besten geschossen, sondern der, der das meiste Geld investiert hatte. Wir wandten uns somit von dieser wenig attraktiven Sportart ab.

Einmal noch, etliche Jahre später, ich erinnere mich gern an diesen

Auftritt, kehrte ich eher durch Zufall zu den „Ballontauben" zurück: Es war schon während meines Studiums, da am Wohnort meiner damaligen Freundin und jetzigen Gattin ein Tontaubenschießen veranstaltet wurde. Rein aus Neugierde besuchte ich den Ort des Geschehens und erkundigte mich „einfach so" über die bereits vorliegenden Ergebnisse. Da es schon der letzte Tag der Veranstaltung war und bislang im Doubletten-Wettbewerb, wie ich erfahren konnte, noch kein „Zehner" vorlag, sah ich hier meine Chance. Ein spontaner Entschluss reifte in mir. Ich fuhr nach Hause und holte meine Flinte, um mich eben zu versuchen. Als sparsamer Student kaufte ich mir eine Schießkarte für die Doubletten-Serie und zusätzlich die zehn benötigten Patronen. Sodann versuchte ich mein Glück.

Auf Anhieb traf ich die ersten beiden Tontauben; das zweite Paar folgte ebenso satt getroffen. Als ich meine dritte Doublette vollendet hatte, beschäftigten mich plötzlich Gedanken daran, dass ich ja immer noch nicht daneben geschossen hatte. Prompt wäre bei den nächsten beiden Schüssen meine Vorahnung auch beinahe in Erfüllung gegangen: die erste Taube zerbarst, doch die zweite sprang nur in zwei Teile. „Gerade noch Glück gehabt", dachte ich still vor mich hin. Aber damit war meine Konzentration wieder voll hergestellt und die letzten zwei Tauben zerstoben voll im Schuss. Damit war die erste und bis dahin einzige glatte Doublettenserie erzielt; der erste Preis war in greifbare Nähe gerückt. Stolz, jedoch auch gespannt, mit zunehmender Aufregung, verfolgte ich das weitere Geschehen bis zum ersehnten Ende der Veranstaltung. Trotz zahlreicher, noch folgender Bemühungen konnte es keinem Schützen gelingen, mein Ergebnis auszugleichen. Mit Freude durfte ich am Abend bei der Preisverleihung einen Repetierer tschechischer Bauart mit Zielfernrohr in Empfang nehmen. Das hatte sich gelohnt! Das Gewehr setzte ich gleich am nächsten Tag in Bares um.

Jetzt aber zurück zu meiner früheren Jugendzeit, da wir von dieser Art zu schießen Abstand genommen hatten. Mein Vater suchte nach einer neuen Herausforderung schießsportlicher Art und gründete in einem niederbayerischen Ort, an dem wir häufig als Jagdgäste weilten, zusammen mit einigen Jagdfreunden einen Tontaubenclub, den sie „Diana Aidenbach" nannten. Die vordringlichste Aufgabe in diesem Club war es, eine ordentliche, regelgerechte Schießanlage für Skeet und Trap zu errichten. Mit deren Fertigstellung war dies der erste, nach internationalen Regeln angelegte Schießstand in Niederbayern. Auch wir Heranwachsende, mein Bruder und ich, im Alter von etwa vierzehn und fünfzehn Jahren, durften mittlerweile mit einem speziell geeigneten, extra erstandenen, brauchbaren und auch eigenen Sportgerät „mitmischen". Besonders das Skeet-Schießen fand rasch unsere Zuneigung.

Unser Lieferant für die Ausrüstung, Patronen und auch Tontauben war übrigens Conrad Wirnhier, der später mehrfache Weltmeister und Olympiasieger. Auch er fing mit uns zusammen an, seine ersten Erfahrungen in dieser Sportart zu sammeln. Im Erfolg wechselten wir uns seinerzeit durchaus mit ihm ab. Neben dem regelmäßigen Training hatten wir auch Gelegenheit, an immer zahlreicher werdenden Wettbewerben im In- und Ausland teilzunehmen. Bis dahin war diese Sportart überwiegend vom europäischen Geld- und auch Hochadel beherrscht. Als ich zu jener Zeit einmal im Schlossgarten zu Mittersill in Österreich bei einem größeren Bewerb gewonnen hatte, war tags darauf in der lokalen Zeitung zu lesen: „Baron Ulrich von Slotta wird internationaler Skeet-Meister von Österreich". So fest waren die Pfründe damals normalerweise eben in der Hand von Edelleuten.

Mein erster Rehbock

In jener Zeit, da wir mit dem sportlichen Schießen angefangen hatten und auch schon recht erfolgreich waren, verbrachte ich meine Schulferien gerne bei einem befreundeten Landwirt, eben in Aidenbach, beim „Gerstl Peter", wie man ihn auch heute noch nennt. Bei Peter durfte ich als Erntehelfer einen alten Lanz-Traktor führen. Für mich war dies damals die tagesfüllende Krone der Begeisterung. Da Peter außerdem noch dazu Jagdpächter war und gerne und mit Eifer meine jagdliche Entwicklung unterstützte, gingen wir nach getaner Arbeit zur Bockjagd auf den Ansitz. Zusammen saßen wir auf einem geräumigen Hochsitz, da eines Abends ein Bock auf die vor uns liegende Wiese heraus trat. Als dieser, vielfach angesprochen, endlich breit stand, flüsterte Peter mir zu: „Uli, den schießt du!" Vorsichtig aber entschlossen drückte er mir mit diesen Worten seinen Karabiner in die Hand. Ich hatte sicher nicht mit dieser Wendung gerechnet, konnte jedoch ganz gut – allerdings mit einer gehörigen Portion an Aufregung – diese Aufgabe meistern: Der Bock lag im Feuer. Natürlich war ich auf diese Leistung mächtig stolz und auch Peter war die Freude über seine Mithilfe bei der „Geburt eines richtigen Jägers" im Gesicht abzulesen. Aber bereits nach nur ein paar wenigen, verstrichenen Tagen konnte ich mich über den erlegten, ersten Bock gar nicht mehr so recht freuen. Eigentlich, meinte ich, hatte dieses Tier überhaupt keine Chance, meiner angetragenen Kugel zu entkommen. Diese einschränkende Erkenntnis bestätigte meine eher in Richtung einer Gleichheit, zumindest Ausgewogenheit der Chancen, gehende Interpretation von „Jagd". Ergebnis dieses Erlebnisses war, dass ich in meinem gesamten weiteren Werdegang als Jäger nie mehr auf einen Rehbock anlegte.

Mit abgelegter Jungjägerprüfung geht es erst richtig los

Mein Werdegang als Flinten- und Flugwildjäger war damals besiegelt. Im Alter von gerade noch fünfzehn Jahren legte ich die Jägerprüfung ab, um rechtzeitig zu meinem Geburtstag, eben mit sechzehn dann auch offiziell an Jagden mit eigener Flinte teilnehmen zu dürfen. Der Prüfer bei der Mündlichen stellte mir Fragen, die wohl kaum einer der anderen Aspiranten in der Gruppe hätte beantworten können. Auf die unerwartet hohe Schwierigkeit seiner Fragen angesprochen meinte der Inspekteur, „wer in so jungen Jahren schon ein Jäger sein will, sollte natürlich mehr wissen als der Durchschnitt". Für mich war dies trotzdem keine ernsthafte Hürde, die mich ins Straucheln hätte bringen können. Der Prüfer konnte sich davon reichlich überzeugen. Als Geschenk für die bestandene Prüfung überreichte mir mein Vater seine Merkel, mit der er insgesamt betrachtet, trotz aller Übungen und Erfolge, nie so ganz zurecht gekommen war.

Eine neue Flinte hatte seine Liebe gefunden. Objektiv gesehen war seine Trefferausbeute mit diesem neuen Gewehr doch noch größer als mit dem guten alten Stück. Also durfte ich das „überflüssige" Meisterwerk der Büchsenmacherkunst mit seinen enorm eng schießenden Läufen von da an führen. Letztendlich hatte ich zu diesem Gewehr eine ganz besondere „Beziehung", wie man mir bei der offiziellen Übergabe erzählte: Als kurz vor Kriegsende meine Mutter mit ihrer Familie die Flucht aus Schlesien antreten musste, wollte mein Vater, der im Kriege verpflichtet war, seine geliebte und auch wertvolle Flinte auf keinen Fall zurück lassen. In meinem Kinderwagen aus geflochtenem Korb wurde unter der Unterlage, die mich trug, ein Zwischenboden eingebaut. Dort wurde die in Öl-papier und Lappen eingewickelte Flinte versteckt. Die ganze Flucht über saß, lag und schlief ich auf diesem Versteck. Nicht auszu-denken, was mit mir und meiner Mutter geschehen wäre, wenn bei-spielsweise die Amerikaner diese Fracht entdeckt hätten. Aber .... wir hatten eben Glück. So durfte ich dieses unter andauernder Lebens-gefahr gerettete Kleinod schließlich auch mein eigen nennen.

Erfolgreiche Treibjagden

Da in unserer niederbayerischen Region in meiner Jugendzeit Niederwild aller Art in großer Zahl zur Verfügung stand, konnten wir jagdlich wirklich aus dem Vollen schöpfen. So sind in meiner Erinnerung einige regelmäßig wiederkehrende Treibjagden haften geblieben, die meinen Vater, Bruder und auch mich besonders in den Vordergrund jagdlicher und vor allem schießsportlicher Erfolge stellten: Alle Jahre waren wir im Rottal zu mehreren Herbst-jagden eingeladen, bei denen neben anderem Niederwild Fasanen besonders zahlreich vorkamen und auch erlegt wurden. Haupt-sächlich handelte es sich bei den dabei anwesenden Jägern um Landwirte, die im Umgang mit der Flinte nicht so besonders geübt waren und die deshalb häufiger Fehlschüsse zu beklagen hatten. Dies galt umso mehr, wenn die Vögel etwas weiter entfernt, schnel-ler oder gar mit Unterstützung des Windes in ihrer Flugbahn stark beschleunigt wurden.

Wir Jungen waren dabei oft im „zweiten Glied" angestellt, wenn die Vögel, bereits beschossen, eine gewisse Höhe und auch Fluggeschwin-digkeit hatten. Auch an bestimmten Ständen, da turmhohe Fasanen von einem Wäldchen auf der Kuppe eines Hügels hoch gemacht auf den gegenüberliegenden Hang „schwammen", wurden eben wir, neben den Honoratioren, zur „Absicherung" von deren Jagdergebnis, tief unten im Tale angestellt. Ebenso übernahmen wir in Waldschneisen, da die vorüber huschenden Vögel dem Jäger nur sehr kurze Zeit zum Schuss ließen, unsere „Spezialaufgaben". Ergebnis dieser Jagdtage war zumeist, dass einer aus unserer Familie den Jagdkönig stellte und dass wir zu dritt häufig insgesamt mehr als zwei Drittel der Gesamtstrecke erlegt hatten.

Auch die Jagd auf Wildenten oder auch auf Rebhühner bot damals großartige Erlebnisse eigener Art, bei denen wir oftmals wegen unserer Schießkunst gefallen konnten. Wir schöpften überall aus dem Vollen.

Das „Ende der Jagd" kündigt sich an

Mit Ende der siebziger Jahre begann sich in unserer Gegend eine deutliche Abnahme des Bestandes an Niederwild bemerkbar zu machen. Immer öfter führten Gesellschaftsjagden mit einer zunehmenden Zahl von Jägern zu immer stärker sinkenden bis zu erbärmlichen Ergebnissen, bis diese Jagden in den Folgejahren zuletzt „mangels Masse" ganz eingestellt wurden. Sogar die Kaninchen, die ich, in übergroßer Zahl vorhanden, immer sehr gerne mit dem Frettchen oder auch hinter dem stöbernden Hund bejagt hatte, wurden durch Myxomatose sehr stark reduziert. Alle Objekte meiner geliebten Jagdarten waren beinahe verschwunden.

Damit war, ohne jede Besserung in Sicht, für eine Reihe von Jahren diese Beschäftigung für mich völlig eingestellt, wenngleich ich natürlich immer wiederkehrend im Frühjahr meine Jagdkarte löste. Dies war wohl Ausdruck meiner nie versiegenden Hoffnung auf wieder bessere Zeiten, ohne dass ich allerdings wusste, wie, wo und wann diese kommen sollten.

Ab und zu kaufte ich mir auch eine Jagdzeitschrift, um von dort zu erfahren, dass landwirtschaftliche Monokulturen, Grenzbegradigungen und die daraus resultierende Veränderung der Landschaft ohne Hecken und Feldraine, Düngung und Pflanzenschutz wie auch die grenzenlose Ausbreitung von Fuchs und anderen Raubwild- und Raubzeugarten den Platz für das Niederwild immer weniger werden ließen. Ich verharrte resignierend in völliger jagdlicher Abstinenz.

Ein Neubeginn

Mit dem Wechsel meines Wohnortes lernte ich am Rande des bayerischen Waldes, an der Donau gelegen, den dortigen Jagdpächter kennen. Als ich mich ebenso als Jäger zu erkennen gab, lud mich dieser gelegentlich zu kleineren Gesellschaftsjagden auf Ente, Fasan oder auch Hase ein. Oftmals habe ich bei diesen Jagden, da wir Strecken erzielten, die etwa an einer Hand abzuzählen waren, wehmütig an früher gedacht. Nicht nur wegen des zahlenmäßigen Ergebnisses, sondern vielmehr wegen der Qualität der Jagdausübung. Wie gerne hätte ich, statt eines buschierten Aufstehgockels einen ‚Turmfasan' erlegt. Aber den gab es nun eben wegen des flachen Geländes in der Niederung der Donau, wo wir jagten, nicht.

Doch mit den sich erfreulicherweise häufenden Einladungen auf verschiedene Jagden in der neuen Heimat wurde das Flämmchen der Begeisterung wieder zu einem ordentlichen Feuer entfacht. Die Jagdtermine mehrten sich und auch der Bestand an Niederwild erholte sich in einigen Revieren deutlich erkennbar.

Auch in das Rottal wurde ich wieder zu Treibjagden eingeladen, wo ich mit den alten Freunden von früher zahlreiche Erlebnisse vergangener Zeiten austauschen konnte. Für mich war festzustellen, dass sich gerade bei diesen Jagden die Schießfertigkeit der sogenannten „Bauernjäger" im Vergleich zu früher erheblich verbessert hatte. Nur noch selten konnte ein die Schützenkette abreitender Fasanengockel mehrere Jäger passieren. Zu oft ereilte ihn bereits beim zweiten oder dritten Schuss der tödliche Treffer. Nur einmal kann ich mich erinnern, dass dieses insgesamt gute Bild der Schießkunst von der Norm stark abwich: es herrschte ein stärkerer Sturm, bei dem sich die Fasanen schon im Hochsteigen mit dem Wind fort tragen ließen. Jetzt konnte ich meine schießsportliche Erfahrung vergangener Zeiten voll ausspielen: Ich erzielte das mit Abstand höchste Ergebnis aller Jagdteilnehmer. Aber Jagden wie diese waren eben die Ausnahme. Die Normalform stellte sich zumeist als relativ bescheiden dar.

Meine Ausstattung

In der Zwischenzeit legte ich mir zusätzlich zu meiner guten alten Merkel weitere Flinten zu, jetzt allerdings ausschließlich im Kaliber 20. Da man bei den inzwischen wieder regelmäßig stattfindenden Gesellschaftsjagden die Flinte bei verringerter Benutzungshäufigkeit immer noch den ganzen Tag über tragen muss, kommen leichtere, die Schulter weniger strapazierende Ausführungen gerade recht. So entschloss ich mich für das Kaliber 20. Diese Flinten begleiten mich nun schon einige Jahre zu meiner höchsten Zufriedenheit auf all den Jagden, an denen ich seither teilnehmen durfte. Auch wenn ich manchmal etwas respektlos als „der mit der Spatzenflinte" bezeichnet werde; vom jagdlichen Ergebnis kann ich mich vollauf mit den sehr erfolgreichen Trägern größerer Kaliber messen.

Eine kleine Begebenheit hierzu am Rande: Ich hatte mich mit ein paar Jägern meiner Region zur Entenjagd an einem Maisfeld zusammen bestellt. Wir stellten uns je zu zweien in diesem Feld auf und erwarteten so den Strich der Breitschnäbel. Mit mir hatte sich ein Schütze mit einer wunderschönen zwanziger Querflinte mit englischer Schäftung angesetzt. Die ersten Enten strichen herbei und ich streckte die eine oder andere zu Boden. Nach einer Weile für mich höchst erfolgreichen Anfluges meinte mein Mitstreiter: „Sag mal, was schießt du denn für Patronen?" Zugleich fuhr er fort: „Ich schieße die ,guten Waidmannsheil 20/76' und habe bislang fünfundzwanzig Schuss abgegeben. Noch nicht einen einzigen Treffer konnte ich erzielen."

Hierauf gab ich ihm ein paar meiner Patronen 20/70 mit der überzeugenden Bemerkung, dass diese sicher doch noch besser seien. Siehe da, die nächste Ente näherte sich. Mein Mitstreiter legte an, schoss und der Vogel stürzte tödlich getroffen zu Boden. Mächtig stolz war er auf diese Beute und holte sie auch sogleich herbei. Er hatte sicher nicht bemerkt, dass ich mit ihm à tempo geschossen hatte. Überrascht und erfreut stellte er fest, dass diese Patronen auf alle Fälle phantastisch seien. Als ich ihm dann noch ergänzend anfügte, dass diese „Wunderpatrone" nur etwa zwei Groschen kosten würde, war die Welt für ihn völlig in Unordnung geraten. Aber Hauptsache er hatte getroffen. Diese Patronen wollte er sich unbedingt beschaffen. Der Glaube vermag eben manchmal Berge zu versetzen, ... wenn man (vielleicht) einen Helfer hat.

Jagen – auch mal in der Ferne

Das von mir inzwischen am meisten bejagte Wild waren die Breitschnäbel geworden, die zwischen Donau und Isar sehr zahlreich vorkommen. Sowohl am Strich wie auch in getriebener Form durfte und darf ich diese erfreuliche Jagd ausüben. In Sehnsucht nach einer Steigerung der jagdlichen Vielfalt bin ich jedoch seit einigen Jahren dabei, meine Fühler etwas weiter auszustrecken. Ich suchte und suche nach neuen jagdlichen Aufgaben und Herausforderungen. Mein bis dato reichhaltiger Schatz an bemerkens- und auch erinnernswerten Erlebnissen, die hauptsächlich um die Jagd auf heimisches Niederwild kreisten, sollte angereichert werden. Hierzu war es meine Absicht, meinen jagdlichen Horizont mit für mich neuen Erkenntnissen, in fremden

Regionen und Revieren, mit anderen Jagdmethoden, Naturerlebnissen, neuen Begegnungen mit Menschen und neuen Freundschaften und gerade auch Wildarten anzureichern, die mir bislang nur aus der Lektüre bekannt waren.

Ausgerechnet die Jagd auf die Wildgans hatte sich, angeregt durch die Lektüre in Jagdzeitschriften, an oberster Stelle meiner Wunschliste eingereiht. So war ich mehrmals unterwegs, um im östlichen Teil von Brandenburg, in der Nähe des Oderbruches, auf Martinsvögel zu jagen. Freilich waren diese Versuche – abgesehen von beeindruckenden Wildbeobachtungen – allesamt jagdlich völlig erfolglos und deshalb hier auch nicht besonders bemerkenswert. Wegen dieser wiederholten Erfolglosigkeit machte sich etwas Resignation in meinem Tatendrang schon breit, bis ich auf den, in der Folge beschriebenen, nostalgischen Trip zum Schnepfenstrich kam. Von da an war ich erst richtig beflügelt, weiterhin auch andere Länder und Regionen in hauptsächlich jagdlicher Absicht aufzusuchen.

ZWEITES KAPITEL

Im Frühjahr nach Ungarn – Mehr als nur „Dessert": Zum Schnepfenstrich im Hochwildrevier

Ein Blick zurück

Früher begann das Jagdjahr für viele Grünröcke mit einem „Paukenschlag" dem Schnepfenstrich. Fast jeder begeisterte Jäger konnte diese Zeit – nach durchlaufener jagdlicher Abstinenz – kaum mehr erwarten. Die Jagd auf die Langschnäbel leitete einerseits das Jagdjahr ein, zählte aber gleichzeitig zu einem seiner Höhepunkte. Viele Geschichten und Erzählungen an Jägerstammtischen rankten sich um diese Jagdepoche; auch die Kirchensonntage vor Ostern (von „Oculi" über „Laetare" bis „Palmarum") wurden als „Schnepfensonntage" zur kalendarischen Einrahmung dieser Zeit verwendet. Wurde auch früher die Jagd auf den Schnepf nicht nur während des Frühjahres, sondern auch im Herbst bei Drückjagden ausgeübt, so galt besonders die Frühjahrsjagd auf die balzenden Waldschnepfen bei allen Grünröcken als die zweifellos schönere Art ausgeübten Jagderlebens.

Bezaubernd war es anzusehen, das Naturschauspiel des streichenden Schnepf, der mit sinkendem oder auch herauf steigendem Tageslicht auf Balz ging. Vor der Kulisse der erwachenden Natur waren in der Dämmerung die verschiedensten Bewegungsarten dieser Vögel am Abendhimmel zu bewundern: manchmal – fast wie auf einer Wolke schwebend – wie ein Schmetterling auf Nektarsuche hoch über den Bäumen gaukelnd, manchmal im Zickzackfluge – auch zu zweien – über eine Lichtung tanzend, manchmal knapp am Dickungsrand entlang huschend, wie ein Blitz in der Dunkelheit untertauchend. So zogen sie über Lichtungen, an Wasserläufen entlang und auch über den Hochwald hinweg ihrem aufzusuchenden Quartier entgegen.

Für jedweden Nimrod, ob Könner oder auch weniger geübter Flugwildschütze, war diese Jagdart eine Attraktion. Versprach sie doch – je nach vorgefundener „Fluglaune" der Langschnäbel – beinahe jedem eine Chance auf Erfolg. Gleichzeitig war bei dieser Jagd der Gedanke an „große oder auch reichliche Beute" völlig in den Hintergrund getreten.

Schnepfenstrich als gelebte Jagdkultur

Man konnte geradezu von einer „Kultur der Schnepfenstrichs" sprechen, die sich bei der Schnepfenjagd entwickelt hatte. War es sicher nicht einfach, und oftmals nur dem Kenner möglich, auf Schnepfen in der Abend- und eventuell auch in der Morgendämmerung erfolgreich anzusitzen, so war es zweifellos die Krönung jagdlichen Glücks, an einem Schnepfenstand gar eine Doublette zu erlegen. Nachdem diese hohe Gunst Dianas nur wenigen Nimroden zuteil wurde, etablierte sich in den Sechziger-Jahren der Club der erfolgreichen „Schnepfen-Doubletten-Jäger". Von der holländischen Likörfabrik BOLS idealistischer Weise betrieben, wurde auf Antrag und geführten Nachweis des Erfolges jeder so bestätigte Doublettenjäger mit einer Flasche Jenever und der Trophäe zweier „Malerfedernpaare" in Silber geehrt. Auf der Rückseite dieses Schmuckes war die laufende Ausgabenummer des Preises eingetragen.

Nicht allzu viele Sonntagshüte zierte diese Auszeichnung eines umsichtigen Jägers und gleichzeitig hervorragenden Schützen. Diese „Clubmitgliedschaft" anzustreben bedeutete eben, die Jagd selektiv auszuüben und gleichzeitig gewisse Schießkünste unter Beweis zu stellen – eben – gepflegte Jagdkultur.

So etwa stellt sich die Frühjahrsjagd auch in meiner Erinnerung dar. Mein Vater trug mit Stolz auf seinem Hut die eben beschriebene Trophäe. Auch viele andere Jäger, die die dargestellte Vergangenheit miterleben durften, verherrlichen heute noch in Erzählungen am Jägerstammtisch, oder wenigstens in Gedanken diese Zeit des Schnepfenstrichs. Mit dem Jahr 1976 fand dieses das Jagdjahr eröffnende Hauptereignis im Verbot der Frühjahrsjagd auf Waldschnepfen in der (alten) Bundesrepublik ihr jähes Ende. Jagdliche Erlebnisse mit den Schnepfen beschränkten sich von da an in unvergleichlicher Weise auf die Herbstjagd, etwa anlässlich von Treibjagden auf Niederwild. Immer dann, wenn hierbei Schnepfen zur Strecke kamen, konnte man in Kennerkreisen hören: „Weißt du noch, damals, als wir zusammen zum Schnepfenstrich gingen ... Ja, leider ... vorbei."

So mögen viele Grünröcke die Jagd auf die Frühjahrsschnepfe als ein überaus beglückendes, aber eben unwiederbringliches Erlebnis vergangener Zeiten betrachten. Manche „alte Experten" suchen auch heute noch in unserer Region geeignete Plätze auf, um den hier immer noch stattfindenden Schnepfenstrich zumindest in der Form des „ersten Aktes" mitzuerleben und dem „zweiten Akt" nostalgisch nachzutrauern.

Unterwegs zum Schnepfenstrich nach Ungarn

Auch ich hatte mich allmählich mit dieser Einschränkung wohl endgültig abgefunden. Ein Inserat in Wild und Hund erweckte allerdings den Gedanken einer möglichen Wiederbelebung eines immer noch glimmenden Interesses. „Schnepfenstrich als Pauschaljagd in Westungarn" lautete die viel versprechende Offerte. Geboten waren 6 Jagdtage auf die Waldschnepfe im Früh- und Abendstrich – bei Vollpension im Forsthaus. Mit bescheidener Erwartung, jedoch umso größerer Neugierde, buchte ich, nicht zuletzt auch wegen des attraktiven Preises, diese Reise. Den Tag des Reiseantritts Ende März konnte ich kaum erwarten.

Als es endlich soweit war, fand ich mich in Transdanubien, in Südwestungarn zwischen Donau und Drau ein. Am Zielort wurden wir von Revierförster Stefan in seinem Jagdhaus Hamuháza erwartet. Wie sich gesprächsweise schnell herausstellte war der Förster ein Abkömmling der Donauschwaben und somit imstande, sich mit mir in Deutsch zu unterhalten. Schon kurz nach der Ankunft kreisten meine neugierigen Fragen, die ich an Stefan, den mich auch betreuenden Revierjäger und -förster richtete, stark um dessen Einschätzung der bevorstehenden Tage. Wichtig war dabei auch für mich das Wissen um den Jagderfolg, der bei Ausübung der Schnepfenjagd in den letzten Jahren und auch den zurückliegenden Jagdtagen in diesem Revier eingetreten war. Meine Neugierde hierzu stimmte Stefan etwas verwundert, war ich doch in einem Hochwildrevier zu Gast. Die meisten (oder vermutlich alle) Jagdgäste, die im Forsthaus Hamuháza bislang Einkehr gehalten hatten, kümmerten sich zweifellos eher um die Hauptsache dieses Revieres, eben das Hochwild. Aber ich war wegen der Schnepfen gekommen, basta.

Die Antwort, die ich zu den eben erwähnten Fragen erhielt, stimmte optimistisch. Jedoch konnte ich bei diesem Gespräch immer wieder feststellen, dass sich mein persönliches Interesse wohl nur auf ein jagdliches „Dessert" konzentrierte, in einem Revier, dessen „Hauptspeise" sich in der Hege und Bejagung eines phantastisch ausgestatteten und gepflegten Hochwildbestandes bot. Überragendes Rotwild (auch für Ungarn), sehr starkes Rehwild sowie auch Schwarzwild, mit Standplatz in den ausschließlichen Laubwaldkulturen riesigen Ausmaßes wurde mir in den nachfolgenden Tagen bei unseren Geländefahrten in das Revier eindringlich und auch nachhaltig vor Augen geführt.

Der Schnepfen wegen war ich da und hiervon will ich auch konzentriert erzählen: Die morgendlichen und abendlichen Ansitze auf den Schnepf fanden in einem endlosen Waldgebiet statt. Dort waren die einzelnen Laubwaldkulturen unterschiedlichster Art und verschiedenen Alters in Planquadrate eingeteilt, die jeweils ein kleiner Graben neben einem Forstweg begrenzte. Die Eckpunkte der Quadrate waren in der Regel mit einer offenen Kanzel besetzt. An diesen Stellen, die einen guten Ausblick boten, waren auch unsere Ansitzplätze.

Der erste Jagdtag

Schon der erste Versuch am Morgen des ersten Tages brachte zwei Langschnäbel in Anblick. Aber leider hatte ich sie zu spät erkannt; sie blieben unbeschossen. Wie scheue Elfen waren sie über eine schmale Schneise gehuscht. Die erste Beruhigung, dass neben all dem anderen Wild, das sich zu Beginn des Tages mittels zahlreicher Geräusche zu erkennen gab, auch Schnepfen vorhanden waren und auch auf den Strich gingen, ließ den kommenden Abend und die bevorstehenden Tage verheißungsvoll erscheinen.

So bot der folgende Abend herrliche Erlebnisse um einen wunderbaren Schnepfenstrich: Ich hatte mich mit Stefan direkt neben einer Kanzel auf einer dieser Schneisen angestellt. Die ersten beiden

Langschnäbel, die an unserem Stand vorbei huschten, fielen im Feuer meiner Flinte. Die Bergung der Beute bereitete keinerlei Schwierigkeiten, da sich Stefan nach jedem erfolgreichen Schuss unmittelbar auf Nachsuche begab und wie ein braver Retriever die getroffenen Vögel herbei brachte. Stefan war mir auch mit seinen doch noch rel. jungen Ohren behilflich, da er mich öfter auf das für ihn gut hörbare, langgezogene „pffffffft" anstreichender Schnepfen aufmerksam machte. Er teilte meine Freude und war sichtlich über den überwältigenden Erfolg von schließlich insgesamt fünf erlegten Langschnäbeln überrascht. Außer diesem jagdsportlichen Ereignis war ein Naturschauspiel in voller Pracht zu bewundern, bei dem als Hauptakteure immer wieder „Vögel mit dem langen Gesicht" bei ihrem Balzflug in geringerer oder auch größerer Entfernung die Bühne aufsuchten. Voller Begeisterung verfolgte ich diese Szenen.

Nach Einbruch der Dunkelheit beendete eine äußerst abenteuerliche Fahrt mit dem Jagdwagen den Tag. Mit seinem Jeep russischer Bauart, dessen Bremse nicht und die Beleuchtung zumeist nicht funktionierte, kurvte Stefan durch den engen, lehmig rutschigen Weg zwischen den mächtigen Bäumen des Forstes heimwärts. Mein Puls hatte sich bereits dauerhaft auf etwa 180 eingestellt; die Stirn war feucht von kaltem Schweiß als wir endlich das Forsthaus erreichten. Dort wurde auch sogleich die Strecke gelegt, mit entsprechenden jagdlichen Würden mit Bruch geehrt und mit „Flugwild tot" und „Halali" verblasen. Die folgende Nacht war lang genug, um von der Aufregung der Fahrt wieder zur Ruhe zu kommen. Bei einigen Gläsern Wein wurde dann auch der höchst erfreuliche Einstieg in eine Jagdwoche und die erste Begeisterung eines erfolgreichen und als fast wunderhaft erlebten Schnepfenabends allmählich fassbar. *(Foto, S. 29)*

Ein neues Ziel wird gesteckt

Der nächste Morgen wie auch alle weiteren Ansitztermine könnten genauso enthusiastisch mit neuen, aber dennoch ähnlichen Erlebnissen beschrieben werden. Ich will mich hier jedoch resümierend nur auf das Wesentliche beschränken: An jeweils wechselnden Positionen aufgestellt wiederholte sich der Anlauf des ersten Abends mehrfach. So erlaubte das Jagdglück bei den zwei nachfolgenden Ansitzen eine Strecke von je zwei Vögeln. Zufrieden mit all dem Erlebten sollte eine Steigerung passieren. Die Erinnerung an den BOLS-Club, die ich oben beschrieben hätte, wurde wach. Gedanken kreisten um die damit gepflegten, unüblichen, artschonenden Absichten der Jagdausübung. Also war mein Entschluss gefasst, nur noch Doubletten (im Landesjargon „Zwick" genannt) als Ziel anzustreben.

Dass dies ein schwieriges Unterfangen von hohem Seltenheitswert sein würde, hatte auch ich zu erfahren. So ging ich, da einzeln anstreichende Schnepfen konsequent pardoniert wurden, an den nachfolgenden Jagdterminen mehrfach unverrichteter Dinge – allerdings mit zahlreichen Eindrücken eines regen Schnepfenstrichs – zum gemütlichen Teil des Abends über. Nur ein einziges Mal war es mir vergönnt, einen „Zwick" in schussbarer Entfernung anzusprechen. „Erst die hinterher streichende, dann die voraus eilende Schnepfe erlegen", dachte ich blitzartig und führte es auch aus. Eine Doublette fiel vom Abendhimmel, wurde von Stefan „apportiert" und lag nun vor mir. Mein Glück als Schnepfenjäger war somit perfekt.

Eine Gesamtbetrachtung

Zum jagdlichen Ergebnis dieser Woche lässt sich zusammenfassen, dass jeder Ansitztermin insoweit von Erfolg gekrönt war, als zumindest Langschnäbel zu sehen oder auch mit wiederholtem „pfffffft", manchmal auch mit Puitzen und Quorren, zu hören waren. An den verschiedenen Ständen, die wir aufgesucht hatten, waren überall Schnepfen zu sehen. Dabei war das Ergebnis am Abend stets besser als am Morgen. Am „Grafenstand" (dies war der Platz des ersten Abends) wurde der Strich immer von mindestens acht bis zehn Schnepfen „aufgeführt". Insgesamt betrug meine erzielte Strecke elf Langschnäbel, wobei zu meiner Freude alle von mir beschossenen Vögel auch zur Strecke kamen. Aber diese Aussage soll lediglich der abrundenden Statistik dienen. Das Jagdergebnis übertraf bei weitem die Erwartungen, denn Schnepfenjagd bedeutet nie „Strecke zu machen", sondern vielmehr Jagd zu genießen! Deshalb war ich bis nach Ungarn gefahren. Viel beeindruckender als die Zahl der erlegten Kreaturen war das Gesamterlebnis einer Schnepfenjagd, die durch die Natur bestens organisiert und vom Veranstalter höchst zufriedenstellend feilgeboten wurde.

Schnepfendreck und andere Köstlichkeiten

Natürlich durfte auch die kulinarische Seite des Jagderlebens (zweifellos auch eine Begründung für Jagd) in Form eines nach jedem erfolgreichen Strich frisch zubereiteten „Schnepfendrecks", serviert auf Toastbrot, nicht fehlen. Da Förstersfrau Judith, eine sonst erfahrene und auch ausgezeichnete Köchin diese Spezialität nicht kannte, nahm ich das Ruder in der Küche in die Hand: Die Darmschlingen, die Leber und das Herz der Vögel werden nebst Inhalt klein gehackt. In etwas Butter angebraten, mit Semmelbröseln vermischt, mit Kräutern wie Petersilie und Kerbel gewürzt, mit Cognac, etwas Wein oder auch Zitronensaft angereichert, gepfeffert und ganz leicht gesalzen. Die so gebratene Masse wird auf getoasteten Weißbrotscheiben angerichtet.

Berufsjäger Stefan kannte diese Bereicherung des Speisezettels nicht, wurde jedoch zunehmend zu einem Freund dieser Delikatesse. Auch durch diese Gaumenfreude und den wenigstens einmal im Menü folgenden, von Judith ausgezeichnet zubereiteten, gespickten Schnepfenbraten an Cumberlandsauce, wurde die Erinnerung an vergangene Zeiten voll zum Leben erweckt. Man befand sich wie in einer Traumreise in eine nostalgisch verklärte Vergangenheit und doch, es war leibhaftiges Erleben. Jägerherz, was willst Du mehr? Es verbleibt ein frisch erlebter Höhepunkt dieses Jagdjahres bis zum nächsten Frühjahr, mit der Perspektive und auch Hoffnung auf Wiederholung. Die Verklärung einer traumhaften Vergangenheit, die zu gegenwärtigem Erleben wurde und sogar Zukunft hat, stimmt höchst erfreulich. Das soeben Geschilderte soll für alle Kenner und Könner ein Hinweis sein, dass die schon verloren geglaubte Zeit immer noch lebt und jederzeit aktivierbar ist – zumindest was den Frühjahrsstrich auf die Waldschnepfe anbelangt.

Drittes Kapitel

Jagen in Schottland: Grouse und anderes Kleingetier

Ankunft mit Überraschungen

Wir waren eine kleinere Gesellschaft, die sich entschlossen hatte, in Schottland auf Niederwild zu jagen. Über einen bekannten Jagdschriftsteller hatten wir für Anfang September eine lediglich dreitägige Jagdreise gebucht. Trotz der kurzen Verweildauer war ein buntes Jagdprogramm angekündigt: Gänse, Grouse, Schneehasen, Schnepfen, Bekassinen, Tauben, Enten und Kaninchen, all das war die zu erwartende Beute dreier bevorstehender Morgen, Tage und Abende – „Jagen total" war als Motto der nächsten Tage angesagt.

So reisten wir, „Lord" Ferdinand, unser Bankdirektor, „Gentleman" Peter, der Sportprofi, „Sir" Sepp, der Kiesbaron und meine Wenigkeit (als berichterstattender kleiner Lehrer), mit erwartungsvollen Gedanken und dem Flugzeug gen Schottland. Ich hatte außerdem die Aufgabe des Dolmetschers übernommen und sah mich bei unserer Ankunft in Aberdeen schon vor größere Probleme gestellt: Mein erster Gesprächspartner war ein älterer Herr, der mir das vorbestellte Leihauto übergeben sollte. Als er zu sprechen ansetzte, dachte ich, ich müsste in einem anderen als einem englisch sprechenden Land angekommen sein. Richtig, ich war ja in Schottland! Von Verstehen dessen, was dieser Herr auch meinte, keine Spur. Radebrechend und immer wieder die Gedanken des anderen aussprechend konnten wir uns noch einigermaßen verständigen, so dass die Übergabe des Autos doch klappte und ich auch wusste, was alles zu erledigen war.

Mein zweiter Gesprächspartner war ein Herr von der Gepäckausgabe. Bei der Ankunft in Aberdeen warteten wir auf unsere Siebensachen. Die Reisetaschen befanden sich dann auch bald auf dem Rollband, aber die Gewehrkoffer meiner Freunde wollten nicht eintreffen. Nach langem Warten wandten wir uns an die hierfür zuständige Stelle. Nun hieß es, St. Bürokratius in Reinform zu bemühen: Formulare mussten ausgefüllt werden und Erklärungen abgegeben werden. Nachdem weiteres Warten wohl keinen Sinn mehr machte, wollten wir uns auf den Weg in Richtung unserer Unterkunft begeben. Der Repräsentant der Fluggesellschaft versprach uns, die Waffen umgehend nach deren Ankunft in unser Quartier nachbringen zu lassen. Hier war das Prinzip Hoffnung nun angebracht.

Nachdem ich auch noch zum Chauffeur unserer Gruppe befördert worden war, kam das nächste Problem, der Linksverkehr. Besonders die ersten Kilometer verlangten mir schon einiges an Aufmerksamkeit und auch Nervenflattern ab. Ein Überholen eventuell langsamer fahrender Verkehrsteilnehmer war zunächst nicht zu wagen. Bereitwillig reihte ich mich in den Verkehrsfluss ein, ohne Lust auf besondere Experimente. Ganz besonders hatte ich dann aufzupassen, wenn ich von einer Nebenstraße in die Hauptstraße einbog, denn da ist ja alles völlig verkehrt.

Nach Beschreibung des Jagdveranstalters kamen wir ziemlich problemlos in unserer Unterkunft (Bed & Breakfast Accomodation) „Shallong" bei David Allan in der Nähe von Fraserburgh (die Schotten sagen: „Fraiserborou"), an der nordöstlichen Küste Schottlands, an. Nachdem wir unsere Zimmer bezogen hatten war für den Rest des Tages eigentlich nur noch Akklimatisieren, die Strapazen der Anreise abschütteln und etwas die Gegend kennenlernen angesagt. So sahen wir uns in diesem nahen Städtchen Fraserburgh um, einem Ort in dem wohl intensiver Fischfang – oder besser – dessen Verwertung betrieben wird.

An einem zwar windigen, aber trotzdem wunderschön sonnigen Nachmittag stank es erbärmlich nach Fisch und Fischmehl. Etwas kurzatmig statteten wir deshalb diesem typischen, nordschottischen Ort mit seinen gedrungenen Steinhäusern aus Granit nur einen kurzen Besuch ab. Weiter ging es an die Dünen der Nordsee, die uns „Flachlandtiroler" sehr beeindruckten. Hier konnten wir uns in unserer Phantasie alles mögliche Wassergetier vorstellen, auf das wir jagen wollten. Auch ein Fleckchen Heide fanden wir und träumten in Vorausschau von den Grouse, die darin versteckt sein könnten. Nachdem wir uns in der Gegend etwas umgesehen hatten, war für den Abend das Vorbesprechen der drei folgenden Tage vorgesehen.

Erstens kommt es anders, zweitens als man denkt

Andrew, der englische Veranstalter, war für diesen Abend angekündigt, ließ sich allerdings entschuldigen und schickte uns Sandy, den örtlichen Jagdbetreuer. Schon wieder musste ich mich sprachlich stark verrenken, da eine lückenlose Konversation nicht möglich war. „Was sprechen diese Schotten nur für ein Kauderwelsch?", fragte ich mich immer wieder, wenn ich die eine oder andere Redewendung von Sandy nicht verstehen konnte. Wir „unterhielten" uns zunächst über das Wetter und die Gegend. Als wir etwas persönlicher wurden, erzählte Sandy, dass er ein Leben lang zur See gefahren sei und dass er jetzt, im Ruhestand, als Jäger, Revierpächter und auch Jagdhelfer seine karge Rente etwas aufbessere. Beim weiteren Gespräch über die Jagd und über das Wild, das wir in den nächsten Tagen jagen würden, stellte Sandy fragend fest, ob wir etwa „Dogs" (so drückte er sich aus!) schießen wollten. Empört meinte ich, dass wir in Deutschland keine Hunde schießen würden. Dies konnte wiederum Sandy nicht glauben. Schlussendlich konnte ich die Sprachverwirrung dadurch lösen, dass ich feststellte, dass mit „Dogs" eigentlich „Ducks" – also Wildenten gemeint waren.

Allerdings meinte er, dass diese zu einer Bejagung nicht in ausreichendem Maße vorhanden seien. Auch Gänse, die ja in unserem Programm angekündigt waren, seien überhaupt noch nicht in der Region. Unsere Erwartung wurde ordentlich zurechtgestutzt. Allmählich, im Laufe des Abends, bestärkt von ein paar Gläschen Whisky, verstanden wir uns jedoch schon ganz gut, allerdings mit mittlerweile stark reduzierter kommunikativer und auch jagdlicher Erwartung. Inzwischen hatte David bereits mehrfach in Aberdeen am Flughafen angerufen und nach dem Verbleib der Waffen gefragt. Bislang leider ohne Ergebnis. Die Freunde wurden deswegen allmählich unruhig und äußerten auch schon gelegentliche, pessimistische Perspektiven.

In der Zwischenzeit konnte ich mit Sandy für unseren ersten Jagdtag (da es ein Sonntag war, ist in England/Schottland auch heute noch eigentlich Jagdverbot) „ausnahmsweise" eine Taubenjagd arrangieren. Allerdings meinte Sandy: „We don't pick them up", womit er meinte, dass die geschossenen Vögel nicht als Beute aufzuklauben seien. Ich wunderte mich zwar über diese Einschränkung, stimmte aber trotzdem mit unserer Teilnahme zu. Aber bislang hatten meine Freunde immer noch keine Waffen. Inzwischen war es beinahe Mitternacht geworden. Die Türklingel schellte. Draußen stand ein Herr der British Airways und gab einen Koffer ab: Die Flinten waren endlich unbeschädigt und vollzählig da; das Jagen konnte somit auch beginnen.

Taubenjagd, ausnahmsweise an einem Sonntag

Erst am Mittag des nächsten Tages brachen wir zur Taubenjagd auf. Nach einer Fahrt von etwa einer halben Stunde über die Landstraße, vorbei an zahlreichen, ausgedehnten, schon abgeernteten Getreidefeldern, waren wir am Zielort angekommen. In einer größeren Senke mit riesigen Getreide- und Bohnenschlägen sahen wir eine Vielzahl von Tauben herumfeldern. Diese Gegend hielt unser Jagdhelfer für eine erfolgreiche Jagd geeignet und baute uns in Windeseile zwei Schirme auf, die wir je zu zweien beziehen sollten. Am Rande eines gigantischen Bohnenschlages, bei dem die Früchte schon abgeschnitten auf den Halmen lagen, im Rücken einen Steinwall, wurde in Windeseile ein Tarnnetz um vier Ecksäulen gespannt. Bequem konnten zwei Personen im so geschaffenen Innenraum sitzend Platz beziehen. In guter Schussentfernung vor diesem Schirm legte Sandy mehrere Lockvögel aus Plastik aus.

Die ersten beiden „Ansitzer" waren Ferdinand und Peter. Mit „Weidmannsheil" verließen wir deren Stand und begaben uns einige hundert Meter weiter zu dem für Sepp und mich auserkorenen Platz. Tauben strichen überall am Horizont – jedoch für uns noch viel zu weit entfernt. Nur einmal zog eine Ringeltaube direkt über unsere Köpfe hinweg, da ich Sandy beim Aufbau unseres Schirmes behilflich war, und Sepp diese Arbeit „überwachte". Eigentlich hätte er seine Flinte schon laden können und sollen; allerdings an einen derartig rasch sich einstellenden Anflug hatte er wohl nicht geglaubt. So entkam dieser Vogel unbeschossen.

Wir krochen in unseren Ansitz und beobachteten den hellen Nachmittagshimmel, von dem herab die Septembersonne wärmende

Strahlen schickte. Ein strammer Wind sorgte dafür, dass wir die wohltuende Wärme gerne auf uns wirken ließen. Die Flinten waren bereit gemacht und schon bald hörten wir die ersten Schüsse unserer Freunde. „Ob sie wohl erfolgreich waren?", bewegte uns die Neugierde, da wir zu diesen, durch eine höhere Allee von Laubbäumen unterbrochen, keinerlei Sichtverbindung hatten. Aber bald schon waren wir mit unseren eigenen Sorgen beschäftigt: Die ersten Tauben segelten in unsere Richtung.

Einmal war es Sepp, einmal war ich es, der zuerst feuerte. Aber jedesmal war das gleiche Ergebnis festzustellen: Fehlschuss. Die beschossenen Tauben veränderten schlagartig ihre Flugrichtung, benützten den Wind als Helfer und zogen rasch mit „Zick" und „Zack" weiter. Ein erfolgversprechendes Nachschießen war so wesentlich erschwert. Es bedurfte doch einiger Versuche (auf die wohl in zu großer Distanz vorbei streichenden Tauben) für mich und auch meinen Mitstreiter, bis wir den ersten Vogel zu Boden strecken konnten. Aber hierauf ging es dann Schlag auf Schlag, natürlich mit gelegentlichen Unterbrechungen durch Fehlschüsse. Diese waren oftmals dadurch bedingt, dass die Tauben in der letzten „Segelphase" über dem Äsungsplatz plötzlich und völlig unvorhersehbar seitlich im Wind wegkippten. Der gerade zu diesem Zeitpunkt abgegebene Schuss ging natürlich ins Leere. Insgesamt konnten wir allerdings immer besser und auch häufiger aus anstreichenden Flügen jeweils eine Taube herauspicken. Der Rest flog unbehelligt weiter.

Endlich stellte sich ein deutlicher Übungserfolg ein, so dass ich auch den zweiten Schuss erfolgreich anbrachte und so mehrere Doubletten erzielen konnte. Da die Tauben immer wieder erneut das Feld vor uns ansteuerten und sich wegen der Lockvögel wohl zu geringerer Vorsicht verleiten ließen, bot sich über den gesamten Nachmittag hinweg wiederholt die Gelegenheit, unsere Schießkünste unter Beweis zu stellen.

Rasch war dieser Tagesteil vorüber und Sandy holte uns aus unserem Versteck ab. Eine Strecke wurde nicht registriert (vielleicht mögen es etwa dreißig Kreaturen gewesen sein), da die Vögel, wie vereinbart, im Felde liegen bleiben mussten und so dem Fuchs zum Fraße geopfert wurden. Die uns für dieses höchst eigenartige „beutelose" Jagen gelieferte Begründung war, dass ein Herumgehen in den Bohnenfeldern für die Landwirte einen zweifellos größeren Ern-

teschaden bewirkt hätte. Die Bauern verboten (so auch verstehbar) dem Jäger ein Betreten der Felder.

Sonntagabend war jagdliche Ruhe notwendig; endlich stellte sich auch Andrew im Quartier ein. Mit ihm, dem „Chef", waren nun die weiteren Tage in gutem Englisch, für mich eine sprachliche Wohltat, zu besprechen. Für den kommenden ganzen Tag hatten wir die viel gerühmte und oftmals verherrlichte Krönung der Niederwildjagd auf Moorhühner (schottisch: „grouse"), ergänzt durch ein paar Schneehasen, vereinbart. Zu diesem Zweck begaben wir uns weiter in die Highlands hinein. Unsinnigerweise und zum wiederholten Male wurden wir noch nach unserer Fitness befragt. Als gut gewachsene und noch dazu sportliche Niederbayern war diese Frage für uns eigentlich überflüssig, denn auch bei uns gibt es ganztägige Feldjagden, die wir bislang, auch wenn der Untergrund gelegentlich klebrig und durchnässt war, ohne größere Schäden überstanden hatten. Was sollte also dieses blöde „Gefrage"?

Auf Grouse in die Highlands

Am nächsten Morgen brachen wir in Richtung Highlands auf. Nach einer kurvenreichen Fahrt quer über das Land waren wir beim Schloss des Landlords (die Schotten nennen ihn „laird") angekommen. Ihre Lordschaft begrüßte uns aus einem ziemlich zahnlosen Mund, mit Gummistiefeln und einem total zerkratzten und abgewetzten Wachsjackerl bekleidet und wies unsere beiden Jagdführer in die genehmigten „Fields" ein. Wir fuhren mit den Autos noch höher in das Hochland hinein, wo uns relativ weiche, fast baumlose Hügel, bewachsen weit und breit überwiegend mit Heidekraut und wenigen Sträuchern, erwarteten. War das eine Einsamkeit, die wir hier vorfanden! Nur ein paar Schafe waren verstreut im weiten Hochtal zu entdecken. Wir bogen von der Hauptstraße ab und parkten unsere Autos in einem Nebenweg. Gleich beim Aussteigen konnten wir die ersten beiden Grouse mit großer Freude bestaunen. Direkt vor uns waren sie hoch geworden und wie abstreichende Rebhühner etwa zweihundert Meter weiter in die vor uns liegende Heidelandschaft bergabwärts wieder eingefallen.

Etwas erstaunt hatten wir jedoch zur Kenntnis zu nehmen, dass unser zu bejagender Grund nicht diesseits der Straße war, wo die

Raufußhühner eben hoch geworden und wieder eingefallen waren, sondern jenseits. Diese Straßenseite sei mit dem Laird zur Bejagung nicht vereinbart worden, erklärte man uns. Nun gut, wir waren ja auch nur Gast und fügten uns dieser Regelung zwar verwundert jedoch bereitwillig. Also verteilten wir uns eben jenseits der Straße und zogen in einer Streife in einem Abstand von etwa 50 Metern von Mann zu Mann bergabwärts über die moorige Heidelandschaft. Wir waren noch nicht weit gegangen, da wurden mit leisem Gurren die ersten Raufuß-Hühnervögel hoch. Ferdinand war wohl der erste, dem das Jagdglück hold war. Auch dem Sepp passierte Ähnliches bald darauf. „Schön auch aus der Ferne anzusehen sind diese Vögel, die im Wind des schottischen Hochlandes vor meinen Jagdfreunden abstrichen und so diesen immer wieder vor die Flinte kamen", dachte ich so vor mich hin.

Meine Freunde erlegten die Vögel dabei auch relativ treffsicher. Eifrig gingen wir weiter, bergauf, bergab, über Zäune hinweg, wieder bergauf und wieder bergab. Auch Peter durfte mittlerweile seine ersten Grouse mit gekonnten Schüssen strecken.

Das Heidekraut, das wir zu durchsteigen hatten, wurde immer höher und höher. Dies war besonders für mich festzustellen, da ich – immer noch ohne jagdlichen Anlauf –, stets den Blick nach vorne, zur Seite und – zu selten – zum Boden richtete. Zu oft passierte es nämlich, dass ich die Krautpolster, auf denen wir zu gehen hatten, übersah und folglich auf den moorigen Grund abrutschte. Ein häufig wiederholtes Hochsteigen auf etwa Stuhlhöhe war die notwendige, kraftraubende Folge. Je länger der Jagderfolg ausblieb, um so höher wurde die Heide. „Hat mich denn Diana heute völlig vergessen?", fragte ich mich immer wieder, wenn meine Freunde wieder zu Schuss kamen. „Vielleicht sollte ich doch lieber den Hubertus bemühen!" Aber natürlich freute ich mich mit meinen Kameraden über deren Jagderfolg, wenngleich ich auch ganz gerne wenigstens ein bisschen mitgemischt hätte. So kam der Mittag herbei und „wir" konnten die erste Teilstrecke von etwa zehn Moorhühnern und einem Kaninchen legen. Ich war zu meinem persönlichen Bedauern immer noch „Schneider".

Die Mittagspause, mit typisch schottischem Flair, bei einem Lunchpaket im Freien vor einer Berghütte, hatten wir uns alle wohl verdient. Unsere Hemden waren völlig durchgeschwitzt; so wurde

37

zunächst einmal die Kleidung gewechselt, um auch weiterhin dem strammen und auch kalten Wind widerstehen zu können. Dann folgte eine ausgiebige Brotzeit, in Schottland spricht man von einem „Lunch". Bei diesem Anlass unterhielten wir uns auch über den potentiellen Reichtum ihrer Lordschaft und vergleichbarer Adeliger in Schottland. So ein Laird hat zweifellos von der Fläche her riesige Besitztümer. Allerdings wurden diese im Laufe der letzten Jahrzehnte durch Erbteilung häufig stark reduziert. Und dennoch nennt so ein Laird in den Highlands ein immer noch riesengroßes Areal von mehreren hundert Hektar sein eigen. Nur ist diese Fläche überwiegend mit Heide bewachsen; ein Baumbestand fehlt. Landwirtschaftliche Nutzung kommt, abgesehen vom Halten von ein paar Schafen, kaum in Betracht.

Was bleibt, ist die jagdliche Nutzung. Und hierzu ist ein Besatz mit Moorhühnern, wer immer diesen nachweisen und jagdlich nutzen kann, eine eigene Einkommensquelle. Manche Lairds, die sich über einen starken Bestand an diesen Vögeln freuen können, veranstalten ab August mehrere Drückjagden auf diese Tiere. Die Jäger sitzen in Erdlöchern (sogen. „butts") und warten auf die hoch gemachten Vögel. Diese attraktive und auch beliebte Jagdart ist für den Veranstalter die zweifellos gewinnbringendste, für den teilnehmenden Schützen eine geldraubende Sache. Der Preis für ein „brace" (Paar) liegt gut und gerne bei tausend Mark und mehr. Unsere Art, diesen Tieren nachzustellen, war die preislich wesentlich gemäßigtere. Dafür durften wir uns die Tiere ja auch selbst hoch treten. Vom Jagdvergnügen her war diese Jagdart jedoch ebenfalls recht ansprechend. Zumindest für meine Jagdfreunde. Deshalb wollten wir auch bald wieder weiter machen. Die Pause war nicht allzu lang, da brachen wir zu neuen, ich persönlich hoffte, jetzt auch für mich erfolgreicheren Taten auf.

Wir fuhren zunächst in eine andere Region, die wiederum durch ein weites Hochtal gekennzeichnet war, allerdings kaum anders aussah als die Gegend von heute Morgen. Ähnliche Landschaft wie vorher, nur die Heide war gleich im ersten Field brutal hoch mit einem ausgesprochen moosigen, feuchten Untergrund. Erste Gedanken an ein Aufhören beschäftigten mich, wollte ich persönlich doch nicht unbedingt das erste Opfer sein, das im Moor versinken würde. Da hörte ich ähnliches Gemurmel, allmählich

laut ausgesprochen, in der Nachbarschaft. Sepp meinte, bei dieser Strapaze würde er den Rest des Tages lieber aus der Ferne zusehen. Dabei ist zu berücksichtigen, dass er, unser Ältester, einen Schrittmacher für das Herz spazieren trägt und sich bisher recht wacker geschlagen hatte. Jetzt war mir auch klar, warum man uns im Vorfeld dauernd nach unserer Fitness gefragt hatte. „Aber, ein Schlappmachen gibt es nicht", sagten wir uns, und es ging mit viel Mühe und zusammengebissenen Zähnen weiter.

Lange stiegen wir in dieser feuchten Wildnis umher, bis das erste Wild gesichtet werden konnte. Allerdings war ich dieses Mal der Glückliche! Ein schräg vor mir abstreichendes Moorhuhn fiel im Feuer der Flinte. „Jetzt also, der Anfang ist gemacht", sagte ich mir zufrieden. Gleich ging das Marschieren etwas besser; aber sehr hoffnungsvoll war die Perspektive an diesem Orte nicht. Jegliches fehlende Gestüber, wie wir es am Vormittag zahlreich finden konnten, zeigte uns, dass wir hier wohl auf dem „Holzwege" waren. So wurden unsere Jagdführer eben mit diesem Problem konfrontiert; sie waren auch bereit, andere Fields aufzusuchen.

Freilich mussten wir erst bei einsetzendem und sich zunehmend verstärkendem Regen den langen, kräftezehrenden Rückweg bestreiten. Wir kehrten an den Ausgangspunkt unseres Jagdtages zurück und durchstreiften die Felder, die wir am Vormittag – auf Geheiß des Lairds – ausdrücklich nicht bejagen sollten, bergaufwärts. Sepp hatte endgültig die „Nase voll" und betrachtete das Geschehen aus der Ferne. Allerdings nun sollte es für uns erst richtig los gehen. Da sich der nahende Abend am Horizont allmählich ankündigte, legten wir an Gehtempo etwas zu. Dies war für meine leidgeplagten langen Beine jedoch Gift. Sie reagierten mit einem heftigen Krampf, so dass ich gezwungen war, meine Jagdgefährten um etwas Geduld zu bitten.

Nach ein paar staksigen Schrittversuchen standen plötzlich vor mir einige Grouse in guter Schussentfernung auf. Ich backte an und konnte eine Doublette dieser Vögel niederstrecken. In meiner momentanen Begeisterung vergaß ich meine körperliche Pein schlagartig. Die Verspannung wurde wieder „zurecht gebogen" und „heraus gedrückt", schon ging es weiter. Die Vögel wurden auch von dem uns begleitenden Retriever (Labrador) sofort gefunden und zierten von da an meinen Hühnergalgen. Noch einige hundert Meter weiter, und schon wieder wurden mehrere dieser

Raufußhühner hoch. Erneut hatte ich Jagdglück und konnte, wie auch meine Jagdkumpanen, ein weiteres Tier erlegen. „Jetzt hat das Ganze doch noch ein glückliches Ende gefunden", dachte ich mir und ging zufrieden zum Auto zurück. So endete der Tag der Grousejagd für uns alle versöhnlich mit einem Gesamtergebnis von 9 „braces", wie sich die Engländer und Schotten einfach ausdrücken, wenn sie 19 Tiere meinen. Schneehasen hatten wir allerdings weder gesichtet noch erlegen können. Trotzdem kehrten wir guten Mutes und ich persönlich mit einem zunehmend verbesserten Gefühl als „Linksfahrer" in unsere Pension zurück. *(Foto, S. 43)*

Am Abend: Rabbit Lamping

Für den Abend hatte man uns noch einen schottischen „Leckerbissen" angekündigt: Kaninchenjagd bei Nacht. Nach dem Dinner wurden wir abgeholt, um auf einem ehemaligen Flughafengelände die dort überreichlich vorkommenden Kaninchen zu jagen. Ferdinand und ich machten den Anfang. Wir stellten uns beide nebeneinander auf die Ladefläche des Jagdwagens (Pick-up) und wurden so über die Betonwege dieses Geländes gefahren. Gut an der Bordwand angelehnt sahen wir im Licht des kreisenden Handscheinwerfers zahlreiche Lapuze umher hoppeln und den Wiesen zueilen. Da saßen in Schussentfernung gleich mehrere Nager und ästen im saftigen Grün vor sich hin.

Aber keiner von uns beiden Jägern wäre auf die Idee gekommen, diese Tiere nieder zu strecken. Erneut fuhren wir an sitzenden oder auch gemächlich hoppelnden Karnickeln vorbei. „Why don't you shoot"? schallte es aus der Fahrerkabine hoch. „I don't shoot a sitting rabbit", war meine Erwiderung. „Why not? The farmers want, that we shoot them, whenever it is possible!" rief Sandy mit leicht wütendem Unterton zu mir herauf. Ich erwiderte, dass wir jedenfalls keine Schlächter seien, sondern Jäger und dass diese Art zu jagen, nicht unseren Gefallen finden würde. Sandy fuhr kommentarlos weiter. Um ihn nicht allzusehr außer Laune zu bringen, schossen wir noch einige dieser Tiere auf die eben angedeutete Art. Gleiches taten unsere Weggefährten im Anschluss an uns. Befremdend bei dieser „Jagd" ist, dass es sich hierbei um eine „Schädlingsvernichtung" handelt, und dass alle erlegten Tiere

– wie eben Schädlinge – völlig unbeachtet liegen gelassen werden. Zu erwähnen ist hierbei noch eine typisch englische Manier, die erlegten Tiere stets rekordmäßig genau zu zählen. Und trotzdem war diese englisch-schottische Eigenart des Erlegens von Tieren ohne deren weitere Beachtung bei einer sonst doch „fairen" Jagdauffassung für mich schwer nachvollziehbar. Sie ist jedoch dann in etwa zu verstehen, wenn man die Einstufung dieser Tiere als große Schadensverursacher für die Landwirtschaft berücksichtigt.

In Shallong angekommen konnten wir unseren Pensionswirt Dave, der bis vor kurzem als Schiffskoch gearbeitet hatte, dafür gewinnen, für den kommenden Abend unsere Grouse-Strecke als „Festmahl" herzurichten. Bei der sicher kargen, aber gleichzeitig köstlichen Äsung der Highlands, die diesen Vögeln angeboten wird, und dem Theater, das man alljährlich in England mit den ersten, ab dem 12. August erlegten Moorhühnern veranstaltet (Rennen darum, wer sie als erster ans englische Königshaus bringt), stellte ich mir schon heute eine köstliche Delikatesse als Abendessen vor. Eher prosaisch und von den Strapazen des Tages hundemüde ließen wir unseren zweiten Abend in Schottland bei einem ordentlichen bayerischen Schafkopf ausklingen.

„Mixed Shooting" – eher ein Versuch

Für den nächsten Tag war eine Vielzahl von Aktivitäten vorgesehen, die allerdings alle zusammen einen kaum befriedigenden Ausgang nehmen sollten. Aber nun der Reihe nach: Am Vormittag war „Rough Shooting" angesagt. Hiermit meint man, dass man durch das Revier zieht und ziemlich alles schießt, was einem vor die Flinte kommt. Zunächst hatten wir uns in einer breiten Streife aufgestellt und strichen so über ein riesengroßes Stoppelfeld. Wie eigentlich von uns erfahrenen Jägern erwartet, hatten wir hier überhaupt keinen Anblick von Wild. Es war sicher nur Zeitgewinn für den Veranstalter. Danach durchstreiften wir riesige Rübenschläge in der Absicht Rebhühner zu bejagen. Doch diese Hühner, die in unseren Breiten kaum mehr vorkommen und deswegen auch nicht oder fast nicht mehr bejagt werden, sind wohl auch zumindest in unserer aufgesuchten Gegend in Schottland in nicht viel größerer Zahl anzutreffen. Auch wenn wir ein paar Hühner zu sehen bekamen,

42

die wir fast ausnahmslos erlegten, war die Ausbeute recht mager. Noch dazu konnten die Hunde die ohnehin karge Beute im Rübenschlag nur sehr vereinzelt finden.

Frettchenjagd auf Kaninchen

Als nächstes Kapitel war Frettieren angesagt. Wer aber wegen des einzigen, zur Verfügung stehenden Jagdhelfers mit Frettchen, zunächst „spazieren gehen" musste und wer jagen durfte, sollte das Glück entscheiden. Peter und Sepp waren die Losgewinner und durften sich als erstes Paar der Kaninchenjagd mit dem Frettchen zuwenden. Der Jagdhelfer war mit drei Tierchen gekommen, die er abwechselnd in die Erdlöcher auf einer Kuhweide einfahren ließ. Aber hierzu gleich mehr. Während Peter und Sepp auf Kaninchenjagd mit „Unterstützung" gingen, vertrieben wir, Ferdinand und ich uns die Zeit bei einem Pürschgang durch die Dünen. Unsere Jagdobjekte waren ebenfalls Kaninchen, die in dieser Landschaft von Sand und Binsen ein wahres Paradies vorfanden. So streiften wir über die vom Wind geglätteten, sanften Hügel am Ufer der Nordsee und wunderten uns, dass wir zwar einige Tiere sahen, jedoch zunächst keines erlegen konnten. Zu schnell waren diese Flitzer wieder aus unseren Augen in einem Bau oder auch nur um die Ecke verschwunden. Bis man erkannte, dass es sich bei einer festgestellten Bewegung um ein Karnickel handelte, war es auch schon wieder weg. Sandy meinte, man müsse einfach schießen. So animiert, versuchten wir dies auch und ich konnte mit der Abgabe reiner „Schnappschüsse" tatsächlich ein paar der Kurzohren erlegen.

Wir kamen zu den „Frettierern" zurück. Voller „Begeisterung" standen unsere Freunde mit ziemlich langem Gesicht da; sie warteten zum wiederholten Male darauf, dass der Jagdhelfer seine im Bau gebliebenen Frettchen mit Hilfe des Einsatzes eines Spatens wieder an sich nehmen konnte. „Schichtwechsel" war angesagt und nun waren wir, Ferdinand und ich an der Reihe, auf die Erdbewohner unterstützt von Frettchen, zu jagen. Waren sie eben hinter den Dünen im Sand verschwunden, so fuhren sie jetzt von Loch zu Loch. Sie stürzten in panischer Flucht aus einem Loch aus der Wiese heraus und suchten ihr Heil darin, im nächsten Loch wieder zu verschwinden. Da gleichwohl die Sicht auf der Wiese rundherum besser war als eben, konnten wir eine ganze Reihe von Lapuzen mit einem zwar kurz angetragenen, aber trotzdem gezielten Schuss erlegen. Auch diese Strecke blieb – wie gehabt und beschrieben als „Pest der Landwirte" – für uns alle unverstehbar für die Füchse liegen. Selbst die Ärmsten der Armen würden sich, so erzählte uns schließlich Sandy, als wir ihn um die kulinarische Qualität dieser Tiere aufklärten, nicht für ein Kaninchen umdrehen.

Entenstrich am Abend

Für den Abend hatten wir „Entenstrich" gebucht. An einem Wasserloch sollten wir diesen erwarten. Sandy baute uns hierzu seine erprobten Schirme auf, damit wir uns vor den anstreichenden Vögeln auch gut verbergen könnten. Da wir bis zum einsetzenden Strich noch reichlich Zeit hatten, durchkämmten wir das diese größere Pfütze umgebende Feuchtgebiet und konnten auf diese Weise mehrere Bekassinen hoch machen und auch erlegen. Peter hatte das Glück, gleichzeitig von zwei dieser kleinen Schnepfenvögel angestrichen zu werden. Mit Bravour holte er sie, wie im Lehrbuch beschrieben, nacheinander vom Himmel. Gleich im Anschluss daran machten wir mehrere „dicke" Stockenten hoch, die wiederum Peter vor die Flinte kamen. Aber dieses Mal versagte sein Schussglück. Unser aller Frotzeln darüber, dass die Enten für einen gekonnten Schuss vermutlich einfach zu langsam gewesen wären, war ihm sicher.

Gleich ohne Zeitverlust setzten wir uns nun auf Breitschnäbel an. Es nieselte leicht: ideales Entenwetter. Wir warteten und warteten. Die Dunkelheit brach herein. Ruhe am Teich. Endlich, da wollte eine einzelne Ente an mir vorbei streichen: ein Schuss, ein „Bums" und der Vogel lag am Boden. Weiterhin Ruhe in der Luft, nichts mehr war zu sehen. Die Nacht hatte sich endlich breit gemacht. Das war unser „Entenstrich". Ein Jagdtag mit einer Vielzahl von Erlebnissen, die für uns in ihrer Art zwar Seltenheitswert hatten, jedoch alle nicht ganz zufriedenstellen konnten, war zu Ende. Als froh stimmende Perspektive blieb uns noch unser Abschiedsmahl, die gebratenen, köstlichen Grouse.

Lukullus bittet zu Tisch

Dave bat zu Tisch. Er hatte die Vögel im Bratrohr „gut braun" gebraten und servierte sie mit Bratkartoffeln, Chutney und Ketchup. Dazu gab es weiße Bohnen und noch alles mögliche

Durcheinander. Lukullus würde sich im Grabe umdrehen, wenn er dieses möglicherweise hervorragende Vogelfleisch so „geschändet" durch krosses Braten und die fürchterlichen Zutaten gesehen hätte. Aber er sah es ja nicht. Wir alle aßen brav einen „Hochgenuss" schottischer Küchenkunst. Aber wegen des Essens waren wir schließlich nicht so weit geflogen.

Unsere Jagdtage waren somit zu Ende gegangen. Rückblickend stellten wir fest, dass nach den ersten beiden durchaus brauchbaren Etappen der dritte und letzte Abschnitt nicht gerade zu hoher Begeisterung verleiten konnte. Entgegen allen Ankündigungen eines höchst wildreichen Schottlands hatten wir ein eher spärliches Ergebnis vorgefunden. Zur Rechtfertigung des zweifellos insgesamt mageren Resultates nannte man uns die ungünstige Jagdzeit, die wir gewählt hatten. Allerdings, die Urlaubszeit eines Lehrers wird eben mittels Ferienordnung geregelt und nicht durch die Höhen und Tiefen des Jagdjahres. Also war unser bayerischer Kultusminister daran Schuld, dass das „Jagen total" in einem „Jagen manchmal" enden musste.

VIERTES KAPITEL

Zum Jahreswechsel:
„Bis nach Ungarn –
nur der Gänse wegen…"

is nach Ungarn – nur der Gänse wegen…", bemerkte hämisch meine Gattin, als sie den zum Jahreswechsel bevorstehenden Jagdurlaub kommentierte. Diese Bemerkung ist dann leichter zu verstehen, wenn man die Vorgeschichte dreier ergebnisloser Jagdversuche, eben auch auf Gänse, in deutschen Landen (Brandenburg) kennt. Aber für mich als begeisterten Flugwildjäger stand immer noch an oberster Stelle der Wunschliste eine Jagd auf Gänse, notfalls eben auch in Südwestungarn. So ziemlich alles Niederwild, das in unseren Regionen anzutreffen ist, gehört zu meinem jagdlichen Erfahrungsschatz. Nur eben eine Wildart fehlte hier noch völlig: Gänse. Diese Vögel sind wohl Symbol unserer jagdlichen Sehnsüchte, aus unbekannter Ferne kommend in unbekannte Ferne strebend, meist unerreichbar, aber immer Hoffnung und Sehnsucht weckend auf einen Tag der Erfüllung. Mit dieser Sehnsucht trat ich die lange Reise eben bis nach Ungarn an, in der Hoffnung auf diesen Tag, den es dann zu nutzen galt.

47

„Gänse sind genügend da"

In Südwestungarn (Transdanubien – Nähe Barcs) angekommen, wurde im Forsthaus Hamuháza Quartier gemacht. Oberförster Stefan, den ich von meinem Aufenthalt zur Schnepfenjagd schon kannte, begrüßte mich recht herzlich zur „Königin der Niederwildjagd", wie er meinte. Am Abend wies er mich bei einem Willkommenstrunk auf das hin, was ich an den kommenden Tagen zu erwarten hätte: „Gänse sind genügend da", stellte er fest. Ob ich auch Jagdglück haben würde, das wisse er nicht, denn das hänge ja von vielen Dingen ab. Ich meinte hierauf in meinem Optimismus bestärkt voller Zuversicht: „Mal sehen!"

Der erste Jagdtag

Früh am Morgen des nächsten Tages, eigentlich war es noch tiefe Nacht, wurde ich von Stefan geweckt. Nach einem bei Morgenjagden doch üblichen Notfrühstück, einer Tasse Tee und einiger Kekse, brachen wir in Begleitung von zwei weiteren ungarischen Berufsjägern als Hundeführer zum sogen. „Fischteich", einem Areal von etwa 30 ha Gesamtfläche, auf. Dort befinden sich zwei große und viele kleinere und kleine Teiche, in denen Fischzucht betrieben wird. Momentan war hiervon allerdings nichts zu spüren. Im tiefsten Winter war die Fischerei unter einer dicken Eisschicht verborgen. Nur inmitten des größten Teiches, man sollte ihn besser „See" nennen, war noch eine eisfreie Stelle von vielleicht zweihundert Metern Durchmesser. Dort hätten, so erzählte man uns, die verschiedensten Wasservögel, so eben auch die Gänse, ihr Nachtquartier aufgeschlagen. Bei diesem „Fischteich" erwartete uns bereits eine Gruppe anderer Gastjäger aus der Bundesrepublik, die allesamt ihre ersten Erfahrungen mit der Jagd auf Gänse machen wollten.

Nach einer kurzen Begrüßung im Dunkeln stapften wir situationsgerecht im „Gänsemarsch" durch den während der Nacht gefallenen Neuschnee entlang des Dammes, der den großen See umsäumt. Etwa eine halbe Stunde waren wir gegangen, da wurde die Nachtruhe mit einem Aufbrausen, wie bei einem aufkommenden Sturm, jäh durchbrochen. Immer lauter und lauter wurde dieses Rauschen. Die in der Dunkelheit nach der Ursache des Getöses suchenden Augen konnten knapp über dem See eine riesengroße, tiefschwarze Wolke entdecken, die sich kurz nach dem Erheben wieder inmitten der Eisfläche senkte. „Gänse" flüsterte man uns des Rätsels Lösung zu. Schlagartig war es wieder ruhig geworden. Beeindruckt von der nur zu erahnenden Vielzahl der Kreaturen und mit leicht erhöhtem Pulsschlag stapften wir weiter. Nach etwa einer Marschstunde war unser Ziel, die dem Ausgangspunkt des Parkplatzes gegenüber liegende Seeseite, endlich erreicht.

Noch ein paar ermahnende Worte des Jagdleiters, nicht zu weit zu schießen (was immer das wohl heißen mochte!) und sich die Fundstelle getroffener Gänse gut zu merken, und wir bezogen mit „Weidmannsheil" unsere Stände auf dem Eis im Schilfgürtel zwischen Damm und beginnendem See. Der mitgeführte Sitzstock bot Gelegenheit, sich von den Anstrengungen des Marsches zu erholen. Stille kehrte ein. Nur ein leiser Wind, der die zahllosen Schilfhalme um mich herum rascheln ließ, störte den in Ruhe allmählich heraufziehenden Tag. Lange Zeit der Stille blieb jedoch nicht. Erste Rufe wie ein wehmütiges „kaijäa" waren über uns zu hören. Ein paar Vorboten herumsuchender Gänse waren am noch düsteren Morgenhimmel schemenhaft zu erkennen. Für einen Schuss viel zu weit.

Die Gänse kommen

Bald darauf wurde es spannend: Wie auf ein heimliches Kommando setzte das große Rauschen unzähliger Schwingen ein, wie es beim Anmarsch schon einmal zu vernehmen war. Zunächst mit einem Geräusch wie die Brandung am Meeresstrand, sich rasch verstärkend zu einem brausenden Getöse, wie wenn ein Zug heran braust, hatten sich im Hintergrund des Sees zahllose Gänsevögel in die Luft erhoben. Völlig ungeordnet und dicht gedrängt stieg in der Ferne des Horizonts ein Pulk von Vögeln in unübersehbarer Größe auf. Mein Pulsschlag stieg und wurde nochmals höher als zu erkennen war, dass die Vögel die Seefläche in kleineren oder auch größeren Gruppen, allmählich in Formationen zusammengefügt, in alle Richtungen hin verließen. Tief über die Knie gebeugt und starr in Lauerstellung gebückt erwartete ich das Geschehen. Gleich mehrere Ketten zogen in Keilform geordnet auf mich zu. „Jetzt ruhig bleiben – und lass sie nur näher kommen", sagte ich mir und suchte einen geeignet erscheinenden Flug aus.

Ein paar Schüsse der Jäger neben mir ließen die Gänse rasch an Höhe gewinnen, und trotzdem schien die Gelegenheit günstig: Ich sprang auf, führte die Flinte hoch, der erste Schuss krachte, die Gans im Ziel zeigte keine Wirkung; ein zweiter Schuss fiel hinterher, wiederum ohne Ergebnis. Die Langhälse zogen völlig unbeeindruckt weiter. Rasch nachgeladen und wieder bereit gemacht, denn es waren ja noch viele Vögel in der Luft. Weitere Flüge steuerten mich an. Wieder tiefe Duckstellung eingenommen und auf eine günstige Situation gewartet. Jetzt, kurz vor mir, erneut ein paar Gänse in Reihe geordnet. Ich erhob mich rasch aus meiner Kauerstellung und feuerte zweimal hintereinander, ohne bei meinem Ziel eine sichtbare Wirkung erzielen zu können. Die ersten Zweifel über meine Schießkünste kamen auf. „Sollte ich vielleicht einfach zu weit geschossen haben? Bin ich auch weit genug vorne gewesen? Habe ich mit meinen Magnum 3,2 mm auch die richtigen Patronen gewählt? Warum nur wollten die Gänse nicht herunterfallen?" waren die Gedankenfetzen, die mich eben in meiner Ungewissheit begleiteten.

Gerade in dieser Not fiel mir mein Jagdfreund Ferdinand ein, den ich auch zu dieser Reise eingeladen hatte, der jedoch mit der Bemerkung (obwohl er allemal ein passabler Schütze ist) abwinkte: „Gänse, die treffe ich ohnehin nicht". „Sollte die Feststellung von Ferdinand etwa auch für mich Gültigkeit haben?" war meine leise Frage. Meine Zweifel wuchsen, denn auch bei den Standnachbarn links und rechts hatte es überall häufig gekracht; eine Gans sah ich allerdings nirgendwo zu Boden fallen. Lange konnte ich meine Gedanken nicht mehr weiter führen. Die nächsten Vögel waren schon wieder im Anflug und verlangten erneute Konzentration.

Sie kommen näher und näher auf mich zu. Wiederum tief gebückt, lange genug warten, bis das Rufen der Tiere deutlich über mir zu hören ist, ein kurzer Kontrollblick nach oben, aufgesprungen, angebackt, die vorletzte Gans aus einer Formation anvisiert, gut vorgeschwungen, geschossen: die Gans kippt etwas zur Seite, fliegt jedoch weiter. Noch einmal dasselbe Tier, noch weiter nach vorne gezogen und fliegen gelassen: die Gans stürzt wie ein Stein aus großer Höhe etwa dreißig Schritt von mir entfernt in das Schilf. Im Moment kann ich dies alles gar nicht fassen. Ich blicke nach rechts und nach links, ob etwa einer meiner Standnachbarn hier mit „am Werk" gewesen sein konnte. Aber die waren beide zu meiner Beruhigung gut hundert Schritt entfernt. War dies ein beglückender Moment! Ich hatte tatsächlich soeben meine erste Gans erlegt.

Endlich – die erste Beute ist gemacht

Ungewissheit und Unruhe kamen indes sofort auf: „Vielleicht ist das Tier nur geflügelt und versucht, rasch den Fluss gleich hinter dem Damm zu erreichen. Ich sollte mich sofort auf die Nachsuche begeben." Zu dieser Zeit über mich hinweg ziehende Gänse wurden von mir nur am Rande registriert, sie interessierten mich eigentlich überhaupt nicht. Erst wollte ich meine Beute finden und sichern: Nach einigen gezielten Schritten schnurstracks auf die vermutete

Stelle, noch etwas hin und her, da lag sie regungslos vor mir auf dem mit etwas Schnee überstäubten Eis: eine ausgewachsene Saatgans. Voller Stolz und Zufriedenheit nahm ich die Beute von etwa drei Kilo Gewicht an mich und brachte sie zu meinem Ansitzplatz. Immer wieder bestaunte ich den vor mir liegenden Vogel.

Es war kurz nach sieben und die Sonne war eifrig dabei, diesen wunderschönen Morgen mit ihren Strahlen zu erhellen. Der Himmel über mir hatte sich vom Geschrei der Gänse wieder beruhigt; auch bei mir kehrte allmählich wieder Ruhe ein. Einige Minuten der Besinnung und der stillen Freude und schon wieder setzte im Hintergrund des Sees das mittlerweile bekannte „Rauschen mit Crescendo" ein. Der nächste große Schwung an Gänsevögeln erhob sich. Rasch die Flinte kontrolliert und in Lauerstellung gebückt. „Offensichtlich war ich im Schilf gut getarnt, und auch mein extra gefertigter Überhang aus weißem Bettuch sorgte für Deckung", dachte ich so vor mich hin, denn es steuerten wiederholt in günstiger Richtung und auch Entfernung Gänseformationen auf mich zu. „Die sollte es sein", war mein fester Entschluss.

Doch unter diesem Keil strich ja noch eine einzelne Gans! Rasch umdisponiert: „Dieser Vogel ist ja noch näher" war meine spontane Erkenntnis. Ich backte an und feuerte los, dabei wurden leider beide abgegebenen Schüsse von dem anvisierten Tier nicht registriert. „Verflucht" dachte ich, „was hast du da nur falsch gemacht?" Aber die fragenden Gedanken wurden rasch verdrängt. Schon wieder waren die nächsten „Staffeln" im Anflug. Wie eben suchte ich eine geeignete Kette aus und ließ fliegen: Wieder daneben. „Warum nur?", quälte mich in diesem Augenblick die alles bewegende Frage. Da fiel mir ein Ratschlag ein, den mir ein alter Gänsejäger in Brandenburg gegeben hatte, der meinte, man müsse die Ruder der Gänse gut erkennen können, dann seien sie in Schussentfernung. „Hierauf hatte ich noch gar nicht geachtet", war mein mich selbst ermahnender Gedanke.

Erneut war Ruhe am Himmel eingekehrt. Nur ein paar Gänse kamen mit monoton wiederholtem „gaga" oder auch „kliklick" von den Feldern in Richtung See zurück. Jetzt beobachtete ich bewusst, ob bei vermutlich guter Schussentfernung auch die besagten Ruder der Vögel zu erkennen waren. Wenn auch die Vögel am Himmel ganz schön groß erschienen, von einem Ruder war auf keinen Fall etwas zu sehen. Also – pardonieren. Nach ein paar Minuten der Pause startete schon wieder der nächste große Strich aus der Mitte des Sees. Viele Gänse erhoben sich mit bekanntem Zeremoniell in die Luft. Wiederum hatten mehrere Flüge auch Richtung auf meinen Ansitz genommen. Einer davon zog besonders niedrig. Gerade diesem Flug galt meine volle Konzentration.

Noch weit außer Schussentfernung begannen die Gänse fürchterlich an Höhe zu nehmen. Mehrere Schüsse der Standnachbarn in den Morgenhimmel hatten sie ihre Route rasch ändern lassen. Von einem Erkennen der Ruder war deshalb wieder nichts mehr zu vermerken. „Jetzt nicht schießen", sagte ich mir. Ich suchte mir aus den nachfolgend sich nähernden Gänsen eben einen anderen Flug aus, bei dem ich mir sicher war, die richtige Schussentfernung zu haben. Wieder angebackt und gefeuert: erneut daneben. „Verflucht", dachte ich, „auf die Ruder habe ich wieder nicht geachtet. Aber die Vögel waren doch in guter Schussentfernung!" Ein etwas abartiger Gedanke schoss mir in den Kopf: „Solltest du vielleicht mit dem Schießen aufhören und diese eine Gans als „Erfolg für das Leben" mitnehmen?" Da fiel mir eine Passage in der Gänseliteratur ein, die besagte, dass zum Erlegen einer einzelnen fliegenden Gans durchschnittlich 22 Schüsse notwendig seien, zum Schießen einer Gans aus einer Gruppe sogar in der Regel 35 bis 64 Schüsse. Beim Gedanken an diese „Normalergebnisse" konnte ich mit meinem Resultat ohnehin noch zufrieden sein. „Weitermachen!" war mein resultierender Entschluss.

Ein überraschendes Lob

Die nächsten Gänse zogen in kleineren Gruppen. Wiederum suchte ich zwei günstig entfernte Tiere aus, die auf mich zu steuerten. Die Flinte fuhr hoch, ich visierte den Leitvogel an, zog riesig weit durch und schoss los. Getroffen stürzte die Gans auf die vom Schnee verdeckte Eisfläche und blieb dort, für mich gut erkennbar, regungslos liegen. „Weidmannsheil" rief mir einer meiner Standnachbarn zu. „Sie schießen ja wie ein Teufel", meinte er. „Das machen Sie aber heute nicht zum ersten Mal!", ergänzte er. Beinahe beschämt – besonders in Anbetracht meiner vorherigen Gedanken – war ich mir der Absicht des sich so Äußernden keineswegs sicher. Erst als meine Rückfrage nach dessen bisherigem Jagderfolg zeigte, dass er bei zahlreichen Schussversuchen noch keinen Treffer erzielt hatte, war ich beruhigt und nahm das Lob dankend an. „Also alles ist relativ", dachte ich und freute mich trotzdem über die Bemerkung des Jagdkollegen. Die zweite Gans meines Lebens wurde herbeigeholt und zur „Strecke" gelegt.

Noch mehrmals unternahm ich an diesem Morgen den Versuch, wiederum „günstig" anstreichende Vögel zu erbeuten, allerdings ohne Erfolg. Als dann die Jagd vorbei war, kamen die Jäger zum verabredeten Ort zusammen, um gemeinsam den Rückmarsch anzutreten. Erfreulich für den Jagdherrn war dabei festzustellen, dass alle Gäste wenigstens mit einem Martinsvogel, manche auch mit zweien, Jagderfolg hatten. Wir nahmen den etwas beschwerlichen Rückweg auf. In der einen Hand trug ich meinen Sitzstock, in der anderen stolz meine Beute. Während des Marsches hatte ich Zeit und Gelegenheit, über meine ersten Erfahrungen bei der Gänsejagd nachzudenken. Meine resümierende Erkenntnis dieses Morgens war, dass ich meistens oder vielleicht sogar immer zu weit geschossen hatte. Auf die bekannte Regel mit den Rudern hatte ich nur dann geachtet, wenn ich die Vögel pardonierte.

53

Mit Beute schwer beladen auf dem Rückweg

Der Weg zurück war weit, und je länger wir gingen, um so schwerer wurde die Beute. „Hatten wir etwa „Bleigänse" geschossen?" war die erheiternde Frage der Jagdgäste. Dennoch auch die Mühe des Rückmarsches ging zu Ende. Mit vor Anstrengung lahmen Fingern kamen wir bei den Autos an. Beglückte Gesichtsausdrücke aller Beteiligten waren zu erkennen. Die Strecke wurde gelegt und verblasen. Alle Jagdgäste, die ausnahmslos ihre erste Gans erlegt hatten, wurden in einer feierlichen Zeremonie von Stefan zum „Gänsejäger" geschlagen. Auch die Jagd lebt von Traditionen, die wenngleich sie manchem etwas theatralisch erscheinen mögen, zur „gelebten" Jagd gehören. Bei dieser Zeremonie war der Jäger über seine Beute gebückt und erhielt das Jägerleben kommentierende Rutenschläge auf das Hinterteil. Während die anderen Mitstreiter diese Prozedur über sich ergehen ließen, dachte ich an die in Ungarn gültige Einschränkung der Strecke auf maximal vier Gänse pro Tag und Jäger. Dabei sah ich diese Begrenzung eher als Farce, da eine Strecke dieser Größenordnung ohnehin kaum erreichbar sein dürfte. So beendeten wir, hoch zufrieden mit dem Ergebnis, diesen Jagdmorgen.

Der Nachmittag kam und wir trafen uns zum Gänsestrich, wie vereinbart, wiederum am Fischteich. Wir bezogen dieses Mal unsere Stände auf dem Damm, der die beiden größten Teiche voneinander trennt und der an beiden Seiten von einem schmalen Schilfgürtel von etwa zehn Metern Breite gesäumt wird. Es war erst gegen 15 Uhr und laufend schon zogen zahlreiche Schwärme von Gänsen, ausnahmslos geordnet, am sonnenklaren Himmel über die Teichanlage hinweg zu ihrem Schlafplatz. Die Distanz für einen erfolgreichen Schuss war viel zu groß. Abwarten war die Parole. Ein Platz im Schilf sorgte für die nötige Deckung. Die Vorabendruhe wurde pausenlos durch das Rufen ziehender Gänse unterbrochen. Aufkommendes lautes Rauschen kündet eine Vielzahl von Vögeln an, die über den gesamten Abendhorizont nebeneinander, wie an einer Schnur gezogen, sich näherten, gefolgt von unzähligen Schofen in Keilform und kleineren Flügen, die allesamt mit Geschrei ihrem Nachtquartier zueilten.

Interessant war dabei zu beobachten, wie immer wieder einige Vögel beim Anstreichen und wohl in Erwartung des Ruheplatzes in der Luft regelrecht Kapriolen zeigten: wie verspielte, kleine Kinder drehten sie sich im Fluge und schlugen eine Rolle von 360 Grad um ihre Längsachse. Die ersten Schüsse krachten in den Abend und brachten kurzfristig Unordnung in den von Gänsen übersättigten Himmel. Auch ich erprobte meine Schießkünste, allerdings erfolglos. Noch ein paarmal „juckte" mich der Finger und ich konnte der Versuchung, eventuell einen Treffer zu erzielen, nicht widerstehen. Letztendlich siegte doch die jagdliche Vernunft.

In Ruhe bestaunte ich somit das ergreifende Naturschauspiel eines „vollkommenen" Gänsestriches. Mögen es zehntausend oder auch etwas weniger, oder vielleicht auch doppelt so viele Gänse gewesen sein, die an diesem Abend bis in die Nacht hinein ihr Schlafquartier aufsuchten. Die genaue Zahl ist nebensächlich und nur mit „riesig" zu beziffern. Die Wirkung dieses Naturerlebnisses war für alle Betrachter überwältigend. In Gänze zufriedengestellt, sogar zutiefst beeindruckt, waren wir für den ausbleibenden Jagderfolg voll entschädigt worden. Der Abend konnte mit einem „Erfahrungsaustausch" richtig ausklingen; das eine oder andere Gläschen wurde dabei geleert. Am Ende verabredeten wir für den nächsten Morgen den Zeitpunkt des Treffens.

Der zweite Tag bei eisiger Kälte

Leider kam der bestellte Chauffeur nicht rechtzeitig. Sein Diesel hatte mit der Kälte des Winters größere Schwierigkeiten, so dass wir, etwas enttäuscht über das möglicherweise Versäumte, schon bei Tageslicht den Weg des Vortages um den See herum zu bestreiten hatten. Bei diesem Licht hatten wir jetzt Gelegenheit, diese unsäglich vielen Gänse dicht gedrängt inmitten des Sees zu bestaunen. Ein Schätzen der Zahl war völlig ausgeschlossen. Kurz gesagt, eine größere Fläche des Sees war einfach schwarz besetzt. Bewegung und Unruhe war in der amorphen Masse zu erkennen. Jetzt war dieses, am vorherigen Morgen nur erahnbare, kurzfristige Erheben von der Fläche mit der unmittelbar darauffolgenden Rückkehr auf die Ruhefläche deutlich zu beobachten. Wir sputeten uns auf dem Weitermarsch, allerdings kamen wir nicht mehr allzu weit, da sich der erste größere Schwung an Gänsen erhob.

Schnell notdürftig in Deckung, die Flinten bereit gemacht, sahen wir zahllose Flüge Richtung über die Standplätze des Vormorgens nehmen. „Man hatte uns mit diesen Plätzen zweifellos die besten Positionen ausgesucht", war mein spontaner Gedanke. Überraschend steuerten zwei Gänse, abweichend vom üblichen Zug, am Himmel in Richtung auf uns. Sie kamen immer näher und näher. Mein Entschluss, zu schießen, war gereift. Heraus aus dem Versteck, eine von beiden anvisiert und der Schuss krachte in den Morgenhimmel. Meine insgesamt dritte Gans fiel vor den Augen aller Begleiter getroffen zu Boden. Allerseits „Bravo, Anerkennung und Weidmannsheil". Aber wir waren in Eile, unsere Stände zu erreichen. So blieb keine Zeit, die Beute zu bergen. Erst nach der Jagd sollte dies erfolgen. Da ich mir der Wirkung meines Schusses sicher war, ging ich auch beruhigt weiter.

Danach erreichte ich meinen Stand im Schilf, an dem ich am Vortage schon „tätig" war. Die vorher beschriebene Zeremonie nahm erneut ihren Lauf. Auf dem Jagdstuhl ausruhen, warten und schauen. Schon bald erhob sich, mit deutlich hörbarem Flügelschlag, unter-

55

stützt mit lautem Geschrei, die zweite Partie von Gänsen von ihrem Ruheplatz. Nun von der Deckung aus nach einem geeigneten Flug Ausschau halten, aufspringen, anschlagen, gut zielen und schießen. Wenn das alles nur so einfach wäre! Wiederum waren meine nächsten Versuche von Misserfolg „gekrönt". Ich staunte nicht schlecht, war verwundert, fast sogar ratlos, war ich mir nun gerade jeweils eines „guten" Schusses ziemlich sicher. Aber die Realität überholte mich in meiner Sicherheit. Der nächste Schof kam näher und schien mir für einen erfolgreichen Schuss wiederum günstig. Erneut führte ich meine Flinte hoch, tat all das wie vorher, und siehe da, die Gans im Ziele plumpste tödlich getroffen zu Boden. Warum ich dieses Mal getroffen hatte, war mir im Kontrast zu vorher keineswegs klar. Diese Frage beschäftigte mich an diesem Morgen noch mehrmals, da ich erneut Schießversuche unternahm, wieder ohne Fortune.

Der Hund als wertvoller Helfer

Das Ende der morgendlichen Jagd war gekommen und wir wollten auf dem Rückweg die beim Angehen erbeutete Gans mitnehmen. So einfach war dies jedoch auch nicht. Dort, wo wir den Vogel hatten niederstürzen gesehen, lag er nicht. Erst die Nachsuche des von einem der Begleiter mitgeführten DK brachte die Beute zutage. Der Hund holte die schon lang verendete Gans aus dem Schilf etwa fünfzig Meter von dem Platz entfernt, da wir alle sie fallen sahen. Ohne Hund wäre dieser Vogel sicher verloren gewesen. So war der zweite Morgen damit beendet. Aus meiner Sicht war er genauso erfolgreich wie der erste, wenn auch die Gesamtstrecke aller Jagdteilnehmer bei mindestens ebenso vielen Schussversuchen wie am Vortag wesentlich niedriger ausfiel. Aber alle Beteiligten waren wiederum zufrieden.

Für den Abend des zweiten Tages hatte ich mich alleine mit Karl, meinem Betreuer mit Hund, verabredet. Wir nahmen wiederum die Stände des Vorabends am Damm ein. Da es heute leicht diesig war, konnte man auf eine etwas niedrigere Flughöhe der „heim kommenden" Gänse hoffen und vielleicht sogar damit rechnen. Es dauerte nicht lange und zahlreiche Vögel waren weit entfernt zu hören und dann auch am Abendhimmel zu sehen. Eine Formation steuerte in Keilform geradewegs auf mich zu. Als die Entfernung günstig schien, zielte ich auf einen der letzten Vögel (dort seien die Jungtiere zu finden, hatte man mir erzählt) und zog ab. Das Tier zeichnete schwer getroffen, kippte ab und bekam ein paar Meter über dem Boden Luft unter die Schwingen und strich weiter. In einer Entfernung von etwa 400 Metern ging die schwer verletzte Gans auf dem Eis des großen Sees nieder.

Besorgt dachte ich an die Bergung des kranken Tieres. Aber Karl hatte den Schuss am Abendhimmel mit verfolgt und dabei die Aufgabe für den Jagdhelfer erkannt. Er schickte seinen Deutsch-Kurzhaar mit ermunternden und auffordernden Zurufen in Richtung des niedergegangenen Vogels. Der Hund befolgte den Wunsch seines Herrn, ließ sich nach „links, rechts, und geradeaus weiter" lenken, fand das verwundete Tier rasch und apportierte es brav. Zufrieden und stolz auf die Leistung seines Helfers überbrachte mir Karl die erste Beute dieses Abends mit einem „Weidmannsheil". Auch ich war überglücklich über meinen Treffer und über die hervorragende Leistung des Hundes. Ohne seine Hilfe wäre dieses Tier kläglich verludert.

Der weitere Verlauf des Abends ist rasch erzählt: Ähnlich zahlreich wie am Vorabend zogen die Gänse zum Nachtquartier. Viele Schofe waren unterwegs und teilweise auch in guter Entfernung an mir vorbeigezogen. Meine Trefferausbeute an diesem Abend war zufriedenstellend. Auf insgesamt sechs getroffene und erbeutete Gänse hatte ich etwa fünfzehn Schuss benötigt. Der Grund für diese verbesserte Quote lag wohl zum einen in meiner größeren Schießdisziplin, zum anderen in der etwas geringeren Schussentfernung, die ich an diesem Abend zu berücksichtigen hatte. Trotzdem waren Fehlschüsse immer noch ganz normal und stellten mich vor dieselbe Ratlosigkeit wie am Morgen. Der nächste Morgen (Silvester) brachte ähnliche Erlebnisse wie der Vorabend mit insgesamt vier erbeuteten Gänsen bei vergleichbarem Aufwand.

Jagdruhe zum Neujahrsfest

Um dem Getier und auch dem Jäger über das Neujahrsfest etwas Ruhe zu gönnen, setzten wir die Jagd für die nächsten Termine aus. Erst wieder zur Abenddämmerung des Neujahrstages hatten wir uns am Fischteich verabredet. An diesem Abend war jedoch alles ganz anders als bisher: Die Gänse kamen bis zum Einsatz der Dämmerung nur vereinzelt. Plötzlich, kurz vor Einbruch der Dunkelheit, stürm-

Zum Jahreswechsel: „Bis nach Ungarn – nur der Gänse wegen …";

ten alle, wie nach dem Ende einer gut besuchten Sportveranstaltung, in Richtung Schlafplatz. Die Zahl und Dichte war dabei so groß, dass der Himmel über mir stellenweise dunkel, sogar schwarz erschien. Aber an ein Schießen war wegen der großen Entfernung der Tiere nicht zu denken. Der Morgen darauf war wiederum sehr erfolgreich. Sechs Gänse wurden meine Beute, wobei mir bei der Nachsuche der Hund wiederum als Helfer zur Seite stehen musste und dies auch brav tat. Meine Ausbeute an Vögeln, die allerdings an diesem klaren Morgen relativ hoch strichen, bewegte sich trotzdem im Rahmen des bisherigen Ergebnisses. Sie war somit höchst zufriedenstellend.

Der letzte Morgen beendet die Jagdwoche

Der letzte Morgen, mit dem ich diese Jagdwoche beenden wollte, war gekommen. Über Nacht hatte ein Eisregen eingesetzt, der die Straßen in eine äußerst rutschige Oberfläche hüllte. Für die Fahrt mit dem Auto ein durchaus unangenehmes Unterfangen, für die Jagd auf die Gänse eine hoffnungsvolle Perspektive. Wiederum an der Stelle des Vorabends angelangt, konnten wir mit Einsetzen der Morgendämmerung die ersten Flüge von Gänsen sichten. Manche davon waren heute nicht sehr hoch. „Wenn man nur den richtigen Platz gewählt hat, an dem die Vögel in geringer Entfernung vorbeiziehen, war das Treffen ein relativ leichtes Unterfangen" dachte ich und konnte mit beobachten, wie mein Nachbar eine Gänsedoublette aus ziemlicher Nähe (vielleicht waren es zwanzig Schritt) erlegen konnte.

Bei mir waren die Tiere alle noch sehr weit entfernt vorbei gezogen. Doch bald konnte auch ich Gänse niederstrecken, deren Ruder gut erkennbar waren. Dies war mir jetzt zum ersten Male richtig bewusst geworden. So erlegte ich mit relativ großer Treffsicherheit nacheinander sechs Gänse, teils näher entfernt am Stich und teils auch in größerer Entfernung quer reitend. Allmählich schien ich ein Gefühl für die „richtige Entfernung" bekommen zu haben. Ein weiterer Schof steuerte auf mich zu (ich konnte die Ruder wiederum sehen!). In diesem Augenblick dachte ich, eigentlich das erste Mal und sicher animiert durch das vorher Beobachtete, an eine Doublette. Ich suchte die vorletzte Gans, schoss – mit Erfolg –, suchte die letzte Gans, schoss – genauso treffsicher. Das war eine Steigerung meines Glücksgefühles. Aber nicht genug damit: Kurz darauf strichen in ähnlicher Flugrichtung wie eben wiederum Gänse auf mich zu.

Aber dieses Mal waren die Ruder nicht mehr zu erkennen. Trotzdem war ich in meinem momentanen Hochgefühl beflügelt, mein Glück zu versuchen. Ich nahm erneut den in der Flugfolge vorletzten Vogel ins Visier und ließ fliegen. Gleich auch noch das letzte Tier ins Ziel und noch ein Schuss. Beide Saatgänse klappten tödlich getroffen zusammen und stürzten in weitem Bogen, vom Schwung des schnellen Fluges getragen, vom Himmel. Sie schlugen einige Meter von mir entfernt stumpf auf dem Eis auf. Bestärkt von diesem Erlebnis beschloss ich spontan, die Flinte ruhen zu lassen. Von da an ließ ich alle noch zahlreich an mir vorbei ziehenden Gänse gerne unbehelligt fliegen.

Die Strecke wird küchenfertig zubereitet

Zu Hause im Forsthaus sollte die Strecke, die sich während der Woche ganz erfreulich angesammelt hatte, endlich versorgt werden. Bislang hatten wir die Gänse nur ausgeweidet und kühl abgelagert. Jetzt müssten die jüngeren Exemplare küchenfertig gemacht werden, den älteren Tieren rupfte ich nur die Brustfedern, um dann das Brustfleisch heraus zu schneiden. Daheim angekommen sollte diese Delikatesse als „geräucherte Gänsebrust" nur den „besseren" meiner Gäste kredenzt werden. Für die Rupfarbeit hatte ich mir zwei Zigeunerfrauen angeheuert, die hierzu in einer kleinen, geheizten Scheune beim Forsthaus ihren Arbeitsplatz gewählt hatten. Ich suchte vier der jungen Tiere aus, deren Alter man sicher an der noch rundlichen Kopfform erkennen kann, und übergab sie zur weiteren Bearbeitung.

Nachdem die Frauen den ganzen Tag über nicht zu sehen waren, meinte ich gegen Nachmittag, doch einmal nach dem Rechten sehen zu müssen. Eigentlich hätten die Frauen sich ja auch unbemerkt mit der Beute davon stehlen können. Aber mein Mißtrauen war völlig zu Unrecht. Beim Eintritt in die Scheune überkam mich ein lautes Lachen, da der ganze Raum mit Federn ausgestreut war und beide Frauen von zahllosen Flaumfedern übersät, ja sogar fast zugedeckt waren. Wie mit Puderzucker überstreut waren sie von ihrer weißen Umgebung kaum mehr zu unterscheiden. Zwei sauber gerupfte

Gänse lagen schon auf dem Tisch, die anderen beiden Tiere waren noch in aktiver Bearbeitung. Bei diesem offensichtlich mühsam erzielten Ergebnis dachte ich sofort daran, den Lohn für diese ohnehin bettelarmen Tagelöhner ordentlich zu gestalten. So tat ich es auch und verschenkte als Dreingabe, nachdem ich mich vorher bei Stefan über deren Begehrlichkeit erkundigt hatte, einige Gerippe der ihrer Brust beschnittenen Gänse.

Beschenkt, wie zu „Weihnachten" zogen die beiden „Gänse-Damen" mit ihren Fahrrädern ab. Von den Gepäckträgern herab baumelten die befiederten Gerippereste der „Festtagsbraten" der nächsten Zeit. Allerdings nicht nur zwei Zigeunerinnen zogen mit höchster Freude vom Forsthaus nach Hause. Auch für mich war ein schönerer Abschluss dieses Jagdjahres nicht vorstellbar: eine An-sammlung höchst beeindruckender Naturerlebnisse, ein beachtliches und keineswegs erwartetes Jagdergebnis von 31 Gänsen bei einem höchst erfolgreichen Finale. Beim Abschied vom Forsthaus meinte ich, man sollte in Anbetracht des oftmals unerklärbaren Ausganges die Jagd auf die Wildgans wohl besser mit „Sphinx der Niederwild-jagd" bezeichnen.

Meine Erfahrung als Gänsejager

Zum Schluss will ich noch meine Erfahrung als „Gänsejäger" zusammenfassen: Zweifellos ist das Ergebnis von Jagen immer unge-wiss und unvorhersehbar. Diese Einschränkung gilt jedoch ganz besonders für die Gänsejagd und den dabei erzielbaren Erfolg, der besonders von Umwelteinflüssen abhängig ist. Je nach Wetterlage muss bei dieser Jagd, selbst bei tatsächlichem Vorkommen größter Mengen von Gänsen, auch ein völliger Misserfolg eingeplant werden. Dabei ist generell davon auszugehen, dass eine Tagesstrecke von zwei Vögeln schon durchaus erfreulich und auch realistisch ist. Haupt-problem bei der Jagd auf die Martinsvögel ist die „richtige" Schuss-entfernung. Wegen der ungewohnten Körpergröße der Tiere über-schätzt man sich stets aufs Neue. Deshalb ist die „Erkennbarkeit der Ruder" eine wichtige Regel eines gesicherten Schusses. Ein weiterer Aspekt ist die ebenfalls häufig unterschätzte Fluggeschwindigkeit. Wenn man weiß, dass Gänse eine Geschwindigkeit von 60 bis 70 km/h einschlagen, ist ein gut durchgeschwungener Schuss sicher not-

wendig. Dabei sollte man nicht den Körper, sondern den Kopf und Hals des Vogels als Ziel wählen. Dies gilt ganz besonders dann, wenn man größere Schussentfernungen „versucht". Zur Schrotgröße lässt sich anmerken, dass – je nach Entfernungsdisziplin des Schützen – ab 2,5 mm bis 4,5 mm alles denkbar und auch möglich ist.

Zum Jahreswechsel: „Bis nach Ungarn – nur der Gänse wegen…",

FÜNFTES KAPITEL

Im Frühjahr auf Tauben in England:Kaum mehr als ein Versuch

Abreise voller Erwartung

Wir brachen zu vieren in einem komfortablen Land Rover früh am Morgen zu großer Reise Richtung Norden auf, wohl bepackt mit insgesamt mehr als 3000 Patronen und mit bester Erwartung auf ein paar erlebnisreiche Jagdtage. Nach mühsamen 12 Fahrstunden kamen wir, nachdem wir die Fähre Calais – Dover verlassen hatten, in Tenterden, im Südosten Englands, in der Grafschaft Kent, an. Nach nur kurzem Suchen hatten wir unser Hotel gefunden. Dort lag bereits eine Message vor, mit dem Game-Keeper Kontakt aufzunehmen. Nachdem ich diesen angerufen hatte, kam er auch rasch zum Treffpunkt und wir besprachen die Details der folgenden Tage. Zu meinem ersten Erstaunen erzählte er (Donald), dass er uns eigentlich schon am gestrigen Tage erwartet hätte. Offensichtlich ein Missverständnis zwischen seinem und unserem Jagdveranstalter.

Dann unterhielten wir uns nach gut englischer Art über das Wetter und die damit verbundenen Jagdaussichten. Donald machte dabei nicht gerade den überzeugtesten Eindruck und erzählte, dass dieses schöne trockene Wetter, das wir eben vorfanden, für Tauben gar nicht ideal sei. Seit etwa zwei Wochen seien in der gesamten Region keine Tauben mehr zu sehen gewesen. Angesprochen auf die Erbsensaat, die vom Jagdvermittler als „absolut erfolgsichernde" Maßnahme angekündigt war, meinte er, dass eben zur Zeit überall in der Region Erbsen gesät würden, und deshalb die Tauben kaum zu lokalisieren seien. Erst am heutigen Dienstag hätte er seit langem wieder Tauben ausmachen können. Bei diesen Aussichten hätten wir wohl – so dachten wir – am besten gar nicht anreisen sollen. Aber wir hatten wider besseres Wissen die Reise eben angetreten. Nun waren wir voll bepackt mit Patronen und Hoffnung, ja sogar Erwartung auf einen Jagderfolg einfach da.

Die Stimmung verschlechtert sich

Mit gemischten Gefühlen und gedrückter Gesamtstimmung bezogen wir unser Quartier im Hotel „WoolPack", einem Haus, das vor mehreren hundert Jahren in einer Art Fachwerkbau mit vielen Holzbalken erbaut war und das dazu diente, die in der Region zusammengetragene Schafwolle aufzunehmen. Auch verpackt wurde die Wolle dort, ehe sie zur weiteren Verarbeitung verkauft wurde. Dieses Hotel mit seinen äußerst niedrigen Zimmern führte zu einem für mich völlig neuen Erlebnis: Ich durfte die Nacht in einem auf schiefen Bohlen stehenden Bett verbringen, das mit einem Baldachin abgedeckt war. So schlief ich die erste Nacht in der Grafschaft Kent wie ein (allerdings verkommener) orientalischer Scheich.

Am nächsten Morgen sollte uns Donald vom Hotel abholen. Dabei meinte er, dass wir mit der Jagd nicht vor Mittag zu beginnen bräuchten, denn vor dieser Zeit würden die Tauben die Felder überhaupt nicht aufsuchen. Trotzdem hatten wir uns für 10.30 Uhr verabredet, um wenigstens unsere Zeit irgendwie versuchend zu nutzen. Donald kam auch, wie gewünscht, und brachte uns zunächst zu seinem bescheidenen Häuschen eines Game-Keepers inmitten des Revieres. Nach einem kurzen „Sich-Umsehen" führte er uns in die Region, wo er die Tauben erwartete. Jeder von uns wurde, wie auch vereinbart, in einen eigenen „Not-Schirm" (was ein richtiger Schirm ist, sollte Donald, der nach eigener Erzählung erst seit zwei Jahren diesen Job ausführt, noch lernen!) in gebührendem Abstand voneinander abgesetzt. Ich wurde auf einem Hügel postiert, der das gesamte Gelände überragte und damit einen hervorragenden Ausblick auf die Geschehnisse der insgesamt hügeligen Gegend bot. Vor mir hatte Donald ein Dutzend Locktauben aufgestellt, die er wohl der Kühltruhe entnommen hatte. Mit einem Stöckchen, das er durch das Weidloch bis in den Kopf der Tauben gestoßen hatte, drapierte er die Tiere kunstvoll so auf, als würden sie gerade Nahrung aufnehmen. „Diese

Attrappen hatte er für mein Auge optimal hergerichtet", war mein Eindruck vor Ort.

Der Jagdtag beginnt mit Verzögerung

Etwa gegen Mittag hatten wir mit dem Jagdtag begonnen; der „stärkere" Flug der Tauben war ab etwa 16 Uhr angekündigt. Gegen 13 Uhr waren für mich überhaupt die ersten zwei Tauben am Himmel zu sehen, die sogar in meine Richtung flogen, dann jedoch rechtzeitig abdrehten. Für einen Schussversuch war die Entfernung viel zu groß. Über den gesamten Nachmittag verteilt waren immer wieder einige Vögel zu sehen, so dass wir alle, meine Freunde wie auch ich, ab und zu Gelegenheit hatten, vereinzelt Tauben zu beschießen und auch zu erlegen. Die Strecke hielt sich allerdings in höchst bescheidenem Rahmen, der keineswegs besonders aufregend war. So erzielte unser „Jagdkönig" eine Strecke von dreizehn Vögeln (bei etwa vierzig Schüssen, die er abgegeben hatte). Ich folgte mit zehn Vögeln, die ich mit insgesamt 20 Schüssen (einschließlich zweier „Fangschüsse") erlegte.

Die zwei weiteren Freunde beendeten den Jagdtag mit einer Strecke von jeweils vier Tieren. Ziemlich lang waren jedenfalls unsere Gesichter, als wir gegen 18 Uhr wieder zusammenkamen. Völlig enttäuscht bis sogar wütend waren die Äußerungen der Freunde über diesen „spaßvollen" Nachmittag. Um dieses Erlebnis zu haben, hatten wir also die Mühe von 1200 Kilometern auf uns genommen. Ein Freund meinte, er würde sich schon fürchterlich schämen, wenn er einen Jagdgast nur über 100 km Entfernung in sein Revier anreisen ließe, um ihn mit einer derartigen Taubenstrecke (erzielt in einer Zeit von immerhin 6 Stunden) zu versorgen. Auch Donald war wohl mit dem Ergebnis nicht besonders glücklich, er hatte allerdings, als er gegen 16 Uhr bei mir am Stand vorbeikam, keine bessere Alternative zu bieten.

Schlechte Aussichten

Da die Perspektive auch für den nächsten Tag nicht unbedingt eine Besserung erwarten ließ, vereinbarten wir mit Donald, zusätzlich auch am Morgen zu jagen und unser Glück in den Wäldern zu versuchen. Um 6.00 Uhr fanden wir uns beim Haus des Game-

Keepers ein und wurden dann auf verschiedenen Plätzen in den das Wohnhaus umgebenden Wäldern verteilt aufgestellt. Die Laubwälder, die in dieser Gegend anzutreffen sind, waren mit einem schön anzusehenden, grünen Teppich von Gras und Frühjahrsblumen verschiedenster Art dicht bewachsen. Die Landschaft bot so einen herrlichen Anblick. Wenn nur auch ein paar Tauben da wären, dann wäre ja alles „paletti", dachte ich, als wir zu meinem Ansitz fuhren. Als wir dann nach drei Stunden „Erlebnisjagd" wieder zusammen kamen, war ich der einzige, der eine Taube aus enormer Entfernung erlegt hatte. Die anderen Freunde hatten nicht einen Schuss abgeben können. Bei diesem Ergebnis nützte uns auch die Erzählung von Donald reichlich wenig, dass unser Jagdgrund zum Besitztum des derzeitigen Weltrekordhalters im Erlegen von Wildtauben (George Digneed) gehören würde. Dessen Rekord würde (ich erinnere mich an die Zahlen nicht mehr ganz genau) bei etwa 680 Tauben in gut zwei Stunden mit ca. 1 200 Schuss erlegt, liegen.

Besserung in Aussicht stellend meinte Donald, er würde am Nachmittag mit zwei Schützen von uns eine völlig andere Gegend aufsuchen, wo er – so erzählte er – an diesem Morgen eine größere Zahl von Tauben ausgemacht hätte. Die anderen beiden Schützen sollten in der Gegend des Vortages auf den wohl „besseren" beiden Plätzen postiert werden. So verabredeten wir uns für den Mittag. Als dieser gekommen war fanden wir uns beim Haus von Donald ein. Zu meinem und unserem Erstaunen fuhren wir alle zusammen wieder zu den Feldern, wo wir uns am Vortage bereits versucht hatten. Der einzige Unterschied war, dass Donald und seine Gattin für zwei von uns einen gemeinsamen Stand aufbauen wollten, der sich wohl in der vermuteten Flugrichtung der am Morgen gesichteten Tauben befinden sollte. Doch, zu Zweien in einem Stand, das war auf keinen Fall von uns gewünscht und so weigerten wir uns, dem Vorschlag der beiden Helfer zu folgen.

So bezog eben nur einer der Freunde diesen angeblich aussichtsreichen Schirm am Rande eines großen Ackers. Dabei war gerade zu der Zeit, da wir dort angekommen waren, ein Bauer mit seinem Traktor zu Gange, um justament dieses Feld mit Saatgut zu bestellen. Zum Leidwesen des eben dort postierten Freundes arbeitete der Traktor sehr intensiv und besonders für ihn „günstig im Wind", so dass der Freund für etwa zwei Stunden ziemlich andauernd in einer heftigen Staubwolke saß. Zu allem Überfluss war der Schirm noch so ungünstig hoch gebaut, dass der Kamerad bei endlich flach anstreichenden Tauben nicht schießen konnte. Dies wiederholte sich noch zweimal, da die Tauben, wohl wegen der Lockvögel animiert, knapp über dem Boden dahin strichen. Seine Geduld war damit gegen 16.30 Uhr aufgebraucht und er verließ völlig enttäuscht, sogar empört, den Stand ohne einen Schuss abgegeben zu haben.

Kampf mit der Langeweile

Ich war der zweite Schütze, der ebenfalls in diesem „neuen" Feld hinter einem kargen Weißdornbusch als alleiniger Deckungsmöglichkeit Aufstellung genommen hatte. Von diesem erhöhten Platz aus übersah ich erneut alles Geschehen um mich herum. Den gesamten Nachmittag über konnte ich mit einer einzigen Ausnahme keine Tauben am Himmel ausmachen. Diese einzige Taube, die ich sah, strich auf einen der Freunde zu, der sie gekonnt mit einem Schuss erlegte. Der vierte Freund im Bunde hatte zweimal Tauben in großer Höhe beschossen, jedoch ohne Erfolg. Ich selbst war bis etwa 16.30 Uhr auf dem mir zugewiesenen Stand geblieben, ohne jegliche Chance auf einen Schussversuch. Gleichzeitig war an diesem Platz die Deckung so dürftig, dass ich mich entschloss, den Stand des Vorabends auf der Bergkuppe aufzusuchen. Aber auch diese Mühe war völlig vergebens. Nicht eine einzige Taube konnte ich bis 17.30 Uhr sehen. Dann war das Ende der „Jagd" gekommen. Die Enttäuschung war allen Beteiligten ins Gesicht geschrieben; der vorbeikommende Grundbesitzer sprach von einem „Desaster", das wir heute erlebt hatten.

Mein Resümee: Zweifellos ist das Ergebnis von Jagen immer unvorhersehbar. Nachdem wir allerdings in einer Zeit anreisten, da es normalerweise „massenhaft" Tauben (wie vom Vermittler angekündigt) geben dürfte, und noch dazu das Wetter nicht ungünstig war, kann und konnte man von einer guten Strecke ausgehen. Da aber der Keeper, wie er mir gegenüber persönlich versicherte, schon seit einer Woche vor Ostern bis zu unserem Anreisetag keinerlei Tauben sichten konnte, und in der gesamten Region Tauben nicht anzutreffen waren, war der zu beklagende Mangel schon deutlich absehbar und sogar sicher vorhersagbar. Eine absichernde Kommunikation zwischen dem Ausführenden und dem Veranstaltenden wäre hier dringend notwendig gewesen und hätte auch für Abhilfe gesorgt. Das Problem hierbei war jedoch, dass wir die Reise über einen Vermittler gebucht hatten, der seinerseits eine Jagdagentur eingeschaltet hatte. Uns hätte man (wer dies hätte tun sollen, ist hier das Problem) unbedingt auf den rechtzeitig erkennbaren Mangel hinweisen müssen. Wir hätten uns dann die mühevolle Reise sparen können. Bemerkung zum Schluss: Vom Jagdvermittler, dem ich diese Veranstaltung natürlich ausführlich schilderte, hörte ich nichts mehr!

SECHSTES KAPITEL

Sommer in Ungarn: Tauben, Tauben, Tauben

Ein vielleicht eintöniges Programm?

„Drei Tage, Taubenjagd pauschal" in Ungarn standen auf dem Programm. Drei Tage wiederholten Jagdvergnügens in gleicher oder wenigstens ähnlicher Form – möchte man meinen. Drei Tage gleichartiger, wiederkehrender Eindrücke – vielleicht noch variiert durch ein Mehr oder Weniger an vorkommenden Tauben – so war die Erwartung. Die Wirklichkeit präsentierte sich jedoch völlig anders: Zusammen mit drei reiferen Herren, die mir anlässlich mehrerer, gemeinsamer Jagdreisen gut bekannt waren, folgte ich der Offerte einer Wiener Jagdagentur, um Anfang September Richtung Budapest aufzubrechen. In den jetzt entereifen Sonnenblumen seien, so die Anpreisung des Vermittlers, „Tausende von Tauben" vorzufinden, die dort um Äsung nachsuchten. Wegen unserer erst kurz zurückliegenden Erfahrung mit Fehlversuchen „organisierter Jagd" hatten wir, zwar bepackt mit reichlich Patronen, doch mit wenig ernsthafter Erwartung, die Reise angetreten. Bereits bei der Hinfahrt erhielt unser Pessimismus bezüglich reichlich vorkommender Tauben genug Unterstützung: Immer wieder fuhren wir an kleineren, größeren und riesigen Sonnenblumenfeldern vorbei; allerdings waren diese ausnahmslos von Tauben leer gefegt. Aber die Tauben, die hier (nicht) in den Feldern herumflogen, wollten wir ja sowieso nicht bejagen, war meine persönliche, eher optimistische und tröstende Perspektive.

Gleich nach der Ankunft – beeindruckende Erzählungen

Am Abend, in der Nähe von Budapest angekommen, wurden wir in unserem Hotel schon erwartet. Der Jagdveranstalter machte uns, sicher nicht ohne Hintergedanken, sogleich mit einigen Wiener

Jägern bekannt, die hoch zufrieden und geradezu schwärmerisch vom gerade erlebten Jagdtag erzählten. Tauben über Tauben waren ihnen vor die Flinten geflogen, so dass sie eine Strecke erzielten, die uns alle in Staunen versetzte. Das Staunen war bei uns so groß, dass es eher in einmütigen Unglauben überging. Nach dem vorgetragenen Jägerlatein(?) lag die Tagesstrecke dieser vier Herren bei etwa 700 Kreaturen, wobei der beste Schütze gut zweihundert und der schlechteste immerhin noch knapp neunzig Vögel erlegt hatte.

Nun gut, wir nahmen diese uns zweifellos amüsierenden Erzählungen gerne zur Kenntnis in der Hoffnung, dass wenigstens ein paar Fünkchen Wahrheit dabei sein mögen. So verplauderten wir uns an diesem Abend. Als wir den „Schlachtplan", für den nächsten Morgen besprachen, war es bereits nach Mitternacht. Nach Absicht und Meinung des Veranstalters sollten wir schon sehr früh aufbrechen, da gerade zu dieser Zeit die ersten starken Flüge zu erwarten seien. Wir fügten uns nach kurzer Debatte und auch teilweise geäußertem Widerspruch diesem Vorhaben. Demzufolge war die vor uns liegende Nacht sehr kurz. Aber wir waren ja nicht zum Schlafen, sondern zum Jagen hierher gekommen.

Pauschal auf „Felsentauben"

Der erste Jagdtag stand unter dem Motto Pauschaljagd auf „Felsentauben", wobei sich hinter diesem Begriff nichts anderes verbirgt als ganz gewöhnliche, herrenlose, verwilderte Haustauben oder besser noch Stadttauben aus Budapest. Der Morgentreff fand, wie vereinbart, auf einer Kolchose mit Rinderhaltung statt. Man verteilte uns, je nach Gusto und Möglichkeit, entlang der Rinderstallungen. Dort, so die Aussage, würden die Tauben zu Massen streichen. Nur wenig Zeit verging, und schon flatterten die ersten Vögel auf das Gelände der Kolchose auf der Suche nach Futter. Zumeist wurden die herumsuchenden Tauben sehr rasch zur Beute der lauernden Jäger. Immer zahlreicher folgten die Taubenflüge, die auf die Siloanlagen des Landwirtschaftsbetriebes zogen, um dort ihr Futter aufzunehmen.

Je nach Position der aufgestellten Schützen waren die Schüsse auf die heranstreichenden Tiere relativ einfach in guter Flintenentfernung oder auch etwas schwieriger in höherer oder weiterer Distanz abzugeben. Immer wieder sah man aus den sich nähernden Flügen einzelne Tiere getroffen zu Boden stürzen, während die anderen Tauben eine Überlebensstrategie anwandten, indem sie sich einfach wie ein Kampfflieger durchsacken ließen oder auch im Zickzackfluge der Schrotgarbe zu entfliehen suchten. So hatten wir alle schon einige Tauben zu Boden gestreckt. Doch dem Veranstalter war der „Flugbetrieb" auf der Kolchose zu schwach. Er wollte uns zu einem Feld umsetzen, bei dem man einen besseren Strich erwarten durfte. So brachte uns der örtliche Betreuer zu einem großen Sonnenblumen-Schlag, wo er uns in einem angrenzenden Maisfeld anstellte.

Ich war der erste, der seinen Ansitzplatz besetzt hatte. Kaum waren meine Mitstreiter weiter gegangen, wurden bereits die ersten Tauben inmitten des riesengroßen Sonnenblumenfeldes hoch und ließen sich vom Wind herumtragen. Eine davon nahm Richtung auf mich und wurde so die erste Beute dieses Jagdortes. Nur ein paar Augenblicke danach nahm eine weitere Taube auf der Suche nach einem geeigneten Landeplatz Kurs auf mich. Auch sie fiel im Feuer der Flinte ein paar Meter von mir entfernt zu Boden. So ging es noch ein paar Male weiter. In jedem Schuss, den ich hier in der Folge abgab, stürzte eine Taube zu Boden. Eine Federwolke der zuletzt Beschossenen schwebte langsam nieder. Direkt am Stich kam ein weiterer Vogel auf mich zu. Mit dem Schuss fiel er getroffen direkt auf mich zu; zwei Schritte des Ausweichens zurück waren notwendig. Direkt vor mir lag eine ziemlich kleine Haustaube, oder wohlklingender eben eine „Felsentaube".

Mit dem Einstand und dem bisher Erlebten durchaus zufrieden, dachte ich an die Erzählungen vom Vorabend und konnte mir vorstellen, dass der Wahrheitsgehalt des Vorgetragenen möglicherweise ziemlich groß sein dürfte. Ich kontrollierte daraufhin gleich meinen Patronenvorrat, verbunden mit der Hoffnung, dass er doch ausreichen würde. Bis die nächsten Tauben zu sehen waren, vergingen immerhin einige Minuten, bis die nächsten in meine Nähe kamen, noch einige mehr. In der Ferne strichen ein paar Türkentauben mit ihrem typischen hüpfenden Flug vorbei. Der angekündigte „starke" Strich war auf alle Fälle nicht (mehr) zu erkennen. Da zuckelte noch ein Täubchen in leicht taumelndem Suchflug herbei, steuerte die von mir mittlerweile als Locktauben aufgestellte Strecke an und wird zur leichten Beute. Wie die auslaufenden Rotoren eines Helikopters trudelt sie zu Boden. Nach dem Verlauf zweier Stunden hatte ich, wohl als „momentaner Jagdkönig", im Sonnenblumenfeld insgesamt sieben Tauben, davon eine Wildtaube, erlegen können.

„Für die verbrachte Zeit trotzdem reichlich mager", dachte ich für mich. Aber auch meine Jagdfreunde hatten wohl ähnliche Gedanken. Offensichtlich waren auch sie mit dem Gebotenen höchst unzufrieden, denn sie rüsteten deutlich erkennbar zum Aufbruch. In genereller Übereinstimmung wollten offensichtlich alle diesen Stand verlassen und eine geeignetere Gegend aufsuchen. Aber der uns zur Betreuung anvertraute Jäger war weit und breit nicht zu sehen. Also handelten wir eigenmächtig und suchten die nahe Kolchose auf, wo wir vorher ja schon zufriedenstellend gewerkt hatten. Allerdings waren die Österreicher, die wir am Vorabend kennengelernt hatten, bereits vor uns dorthin zurückgekehrt und hielten die vermutlich besten Positionen besetzt. Wir schoben unsere Ansitze notgedrungen als „Eindringlinge" zwischen die eben besetzten Stände in der Absicht, einfach etwas mitzuwirken.

Bald schon war es den Wienern wohl auch im Vergleich zu deren gestrigem Erlebnis zu langweilig und sie verließen ihr Schlachtfeld unter Protest. Die Kolchose gehörte von da an uns. Dies war die Gelegenheit, die von uns als beste Stände vermuteten Plätze selbst einzunehmen. Mittlerweile war der Wind stärker geworden, die Fluggeschwindigkeit der Vögel hatte sich erhöht. Jeder von uns bekam somit genug Gelegenheit, seine Künste als Flintenschütze unter Beweis zu stellen. Letzten Endes war jeder mit dem Angebot und auch seinem persönlichen Jagdergebnis einverstanden. Für die Chronik sei vermerkt, dass mein persönliches Ergebnis dieses Tages bei insgesamt 53 Tauben (davon bestimmt 30 herrlich hohe „Turmtauben") lag. Auch das Ergebnis, das meine Jagdfreunde erzielt hatten, bewegte sich in etwa in dieser Größenordnung. Allgemeine Zufriedenheit trotz erwarteter und erhoffter Möglichkeit einer Steigerung war zu erkennen.

Jagd auf die Türkentaube – so sollte es sein

Für den nächsten Tag hatten wir eine „ordentlich organisierte Jagd" (so der Originalton des Veranstalters) auf Türkentauben vereinbart. War am Vortage so ziemlich alles nach eher „italienischer Manier" zum Abschuss erlaubt, was vor die Flinte kam, wies man

uns gleich kurz nach der Ankunft auf die strikt zu beachtenden Einschränkungen dieses Jagdtages hin. Erlaubt sei, so stellte der Jagdherr in seiner Begrüßung fest, nur der Schuss auf die Türkentaube. Haustauben wie auch Krummschnäbel seien grundsätzlich tabu. Jeder von uns bekam zwei Helfer zugewiesen, die ihm für den gesamten Jagdtag beinahe alle Wünsche von den Lippen ablesen sollten. So schwärmten wir mit unseren „Dienern" in einem Sonnenblumenfeld aus. Sie trugen uns die Patronen, den Ansitzstuhl und sogar das Gewehr.

Wie ein rechter Edelmann stolzierten wir alle hinter unseren „Dienstleuten" zum ausgesuchten Standplatz. Ein wunderschöner Tag mit leicht bewölktem Himmel, noch dazu von der aufkommenden Sonne erhellt und auch erwärmt, bahnte sich an. Ein strammer Wind, der über dem Sonnenblumenschlag sehr heftig wehte, gab der insgesamt edlen Szenerie Kühle und gleichzeitig Bewegung. Wie ein Fürst ließ ich mich auf meinem bereitgestellten Jagdstuhl (eigentlich war es ein Thron) nieder, lud die Flinte und machte mich für die kommenden Dinge bereit. Mit geringem Abstand hinter mir hatten sich die Helfer aufgestellt und in noch überschaubarer Entfernung sah ich meine Freunde in ähnlichem Ambiente. Einer meiner „Diener" sprach ein ins Schwäbische gehendes, gebrochenes Deutsch. Er erzählte mir, dass er für ein Jahr in einer Automobilfirma in Deutschland (eben in Schwaben) sein Brot verdient hätte. Meine Frage über den Grund der doch kurzen Aufenthaltsdauer in meinem Heimatland beantwortete er mir nicht. Auch über seine jetzige Beschäftigung in Ungarn ließ er mich mit meinen Fragen alleine. Nur soviel konnte ich von ihm noch erfahren, dass er von der Jagdgenossenschaft für diese heutigen Hilfsdienste angeheuert worden war und dass er selbst auch zur Jagd gehen würde.

Beim Anblick der ziemlich abgeästen Sonnenblumen um mich herum erklärte er mir, dass die günstigen Lebensbedingungen der Tauben bei ohnehin hohem Besatz diese zur deutlich sichtbaren Plage für die Landwirte werden ließen. Ihre Bejagung sei somit dringend gefordert. Mir sollte diese Rechtfertigung gerade recht sein. Aber bislang waren nur vereinzelt Täubchen zu sehen, die sich kurzfristig aus den Sonnenblumen erhoben, um gleich wieder in ihre Äsungsgründe einzufallen. Allmählich jedoch ging es ernsthaft los: In der Ferne gewinnt ein Strich langsam an Kontur und wird zu einem Flug Tauben. Rasch nähern sie sich und huschen an mir vorbei. Ich reiße die Flinte hoch, aber der brechende Schuss bleibt ohne Wirkung. Nicht einmal einen zweiten Schuss kann ich gezielt hinterher setzen. „Donnerwetter" denke ich, „die waren ja wie ein Blitz an mir vorbeigeschossen". Kaum ist die Flinte nachgeladen, huschen erneut zwei Tauben an mir vorbei. Ich schlage in gebührendem Tempo an, reiße die Flinte am Ziel förmlich vorbei und ziehe ab. Getroffen stürzt einer der Vögel zu Boden. Die Abgabe eines zweiten Schusses auf den anderen Vogel muss unterbleiben. Zu rasch hatte er sich aus meinem Sichtfeld entfernt.

Ich brauche nicht lange zu warten, da steuert ein größerer Flug dieser kleinen Tauben auf mich zu. Ich suche mir eine aus, schlage an und lasse fliegen. Leider ohne Erfolg. Auch ein zweiter hinterher geworfener Schuss verfehlt sein Ziel. So geht es mir mehrfach hintereinander. Überflogen mich Tauben – flogen meine Schrote oft an ihnen vorbei. Eine „Überkopftaube", höchst frühzeitig beschossen, stürzt tödlich getroffen genau auf mich zu. Gerade kann ich mich noch zur Seite drehen, da schlägt sie neben mir auf.

Mit zunehmender Dauer der Anwesenheit erhöht sich die Anzahl der Tauben, die in der Luft sind. Ich stehe genau in der Einflugschneise zu den begehrten Äsungsgründen. Tauben über Tauben stürzen an mir vorbei. Manchmal sieht es aus, als hätten sie einen imaginären Zug versäumt, den sie aber trotzdem mit Hilfe des heftigen Windes unbedingt noch erreichen wollten. Zahlreiche Vögel stieben herbei; die ebenso zahlreichen Schüsse lassen die Tiere oft völlig unbeeindruckt zielstrebig weiter auf ihre Lieblingsmahlzeit zusteuern, oft jedoch auch bei mir ihre Fahrt abrupt beenden. Zeitweise komme ich kaum mehr zum Nachladen meiner Flinte, da bietet sich schon wieder die nächste Gelegenheit, auf diese doch ziemlich kleinen Vögel anzulegen. In allen Entfernungen und aus allen Richtungen stürzen sie herbei. Ich suche mir immer wieder geeignet erscheinende Tauben aus, backe an und habe auch zumeist das Glück, dass die Anvisierte im Schuss zusammensackt, oder auch getroffen zu Boden trudelt.

Oftmals ist die Geschwindigkeit der hoch in der Luft getroffenen Tiere so groß, dass sie meine Helfer erst in beinahe hundert Metern Entfernung aufsammeln können. Eine einzelne Taube kommt angestrichen, ich fahre mit und im Schuss stürzt der ockerfarbene Vogel zu Boden. In der Luft bleiben nur ein paar Federn, die der Wind rasch davonträgt. Ein Schatten huscht über meinen Kopf hinweg. An ein Schießen ist nicht mehr zu denken; zu rasch entfernt sich das Tier aus der Reichweite meiner Schrote. So geht es einige Zeit weiter. Zwischendrin kann ich immer wieder aus der Ferne mit beobachten, wie meine Jagdfreunde ebenso erfolgreich Täubchen zu Boden strecken. Gute Arbeit.

Auch meine Helfer taten ihre Arbeit sehr gut und sammelten fast jede Taube sofort nach dem Schuss ein. Zweifellos beflügelte sie auch die Abrechnung der Strecke nach erlegter Stückzahl. Trotzdem überließen sie den Sammeleifer auf von mir erlegte, jedoch relativ weit entfernt niedergestürzte Tauben den „Kollegen von nebenan". Diese bereicherten dann eben die „Strecke von nebenan" mit zusätzlichen Vögeln. Mir konnte es recht sein. Der Strich der Vögel wurde merklich schwächer; die Mittagszeit stand bevor. Wir versammelten uns zur gemeinsamen Pause bei ungarischem Picknick. Mit vor Freude und Begeisterung leuchtenden Augen und in Ansätzen schmerzenden Schultern konnten wir uns über die Erfahrungen des Morgens austauschen.

Unser Hermann („Meier zu Haar") meinte in seiner humorigen Art: „Ich weiß nicht, die Tauben wollen heute meine Schrote nicht recht annehmen!" Und weiter: „Manchmal kam es mir vor, als würden die Vögel schneller fliegen als meine Schrote!" Obwohl wir alle zahlreiche Fehlschüsse festzustellen hatten, erfreuten wir uns um so mehr an den Treffern, die wir zum Teil in hervorragender Manier erzielen konnten. Meine persönliche Strecke lag zu diesem Zeitpunkt bei gut zwanzig Tieren.

Die zweite Runde wird eingeläutet

Die Pause war zu Ende und wir begaben uns wieder zu unseren Ansitzplätzen des Morgens. Dort dauerte es nicht lange, bis der Strich des Vormittages sich in ähnlicher, ja sogar noch stärkerer Form einstellte. Auch der Wind – besser Sturm – hatte eher noch zugenommen. In rasantem Flug preschten die Tauben herbei. Wie schon in der ersten Tageshälfte erlebt, kann ich auch jetzt einige phantastische Treffer erzielen. Vereinzelt gelingen mir nun auch einige Doubletten, die jedes Mal von den Helfern mit Applaus oder auch einem aner-

kennenden „Bravo" kommentiert werden. Es passiert mir (aber nicht nur mir) aber auch, dass ich auf Tauben, die am Stich auf mich zustürzen, nicht einmal einen Schuss los werden kann, da ich bei nachlassender Konzentration den rechten Zeitpunkt der Schussabgabe versäume.

Nicht alles auf der Jagd klappt ja bekanntlich wunschgemäß, Licht und Schatten wechseln häufig. Zu oft macht das Überangebot an Tauben leichtsinnig und schmälert Konzentration und Patronenvorrat gleichermaßen. Irgendwann greift meine Hand in eine fast leere Patronentasche. Der Helfer ist allerdings sofort unterwegs, um rechtzeitig für Nachschub zu sorgen. Wiederum eilt ein Flug Tauben herbei. Ich schieße zweimal, aber dieses Mal, so scheint es, haben die Tauben wieder einmal das bessere Ende für sich. Enttäuscht über meine Schießkünste verfolge ich die Beschossenen mit den Augen noch eine Weile und sehe, wie eines der Tiere nach kurzem Aufschwung wie ein Stein zu Boden fällt. Arbeit für die Helfer am Nachbarstand, die ihre Strecke somit mit einem weiteren Tier bereichern können.

Nur noch schießen

Manchmal hatte mich bei der riesigen Zahl von Tauben in der Luft die Jagdpassion so richtig gepackt und ich kam mir vor wie ein Marder, der in einen Hühnerstall eingedrungen ist. Tauben, Tauben, überall waren sie. Nur kurze Zeit der Entspannung blieb; immer wieder strichen Vögel auf mich zu, an mir vorbei und auch von mir weg. Die von meinen Helfern vor mir aufgelegte Strecke füllte sich zusehends. Die Tauben steuerten bei diesem starken Wind „gegen", d.h. sie wollten gegen den Wind am Nachmittag gelegentlich auch in meiner Nähe landen. Auch hierzu bleibt Verwunderliches zu vermelden: die gegen den Wind ansteuernden, scheinbar fast in der Luft stehenden Vögel, bereiteten mir beim Treffen so manche liebe Not. Mit klappenden Schwingen stieben sie nach dem Schuss wie flüchtende Bekassinen im Zickzackfluge auseinander. Ein Nachschuss erfolgte oftmals ins Leere, gelegentlich hatte ich auch das Glück, dass der abstreichende Vogel genau in die Schrotgarbe hineinlenkte.

Allmählich ließ der Strich deutlich nach und wir entschlossen uns zum Abbruch der Jagd. Hoch zufrieden mit dem Jagdergebnis wurde

Strecke gelegt. Mit insgesamt 225 Tauben bei fünf Flinten bot sich ein imposantes Bild eines überaus erfolgreichen Tages, der jedem von uns in Erinnerung bleiben wird. Mein persönliches Ergebnis dieses Jagdtages waren immerhin 64 erlegte bzw. „für meine Strecke gezählte" Tauben. Resumierend meinten wir bei der Heimfahrt einhellig in großer Übereinstimmung, noch nie in unserem, doch schon betagten Jägerleben, eine von der Schießkunst her derart anspruchsvolle Flugwildjagd erlebt zu haben. *(Foto, S. 79)*

Zum Abschluss: Jagd auf die „Blauen"

Zum Abschluss des Tages bot man uns noch ein Schmankerl, das mit „Hohltaubenjagd" bezeichnet wurde. Der Tag neigte sich seinem Ende zu, und die Tauben suchten jetzt nach und nach vom Feld zurück ihre Schlafbäume auf. Wir wurden an hohen Pappeln postiert, auf die die Tauben (natürlich waren es Geringelte) bei Sonnenuntergang einfallen sollten. Wir brauchten nicht lange zu warten, da konnte man schon einige „Blaue" hoch über uns auf die Bäume einkreisen sehen. Eine davon strich über mich hinweg: Klatschende Schrote, sekundenlanges Herabtrudeln der Taube mit klapperndem Schwingenschlagen, Federstieben im Aufprall, Aus. Ohne große Mühe holte ich noch eine weitere Taube herunter. Im Kontrast zum heutigen Jagdtag hatte man jetzt reichlich Zeit, das Ziel entsprechend sorgfältig anzuvisieren. Auch meine Jagdfreunde hatten Anflug, und wir beendeten diesen Abend mit der Strecke von fünf jungen Ringeltauben.

Tauben für die Küche – fertig zubereitet

Während wir auf die Tauben angesessen waren, hatte sich der Revierjäger zusammen mit seiner tüchtigen Helferin an die Arbeit gemacht und einen Teil der Tagesstrecke der mitgenommenen Türkentauben für den Brattopf vorbereitet. Wie aufgetragen wurden die Brüste der Vögel gerupft und dann herausgeschnitten. Diese Delikatesse der hohen Wildküche wollte ich mir auf alle Fälle als Beute mit nach Hause nehmen. Außerdem ließen wir auch von den soeben erlegten Ringeltauben die Brüste filetieren, um das Abendbrot im Hotel mit „in Butter gebratenen Taubenbrüstchen an jungem Gemüse" zu bereichern. Dies war letzten Endes der abrundende Ausklang eines phantastischen Jagdtages.

Erneuter Versuch an einer Kolchose – ein Flop

Für den nächsten Tag war vom Veranstalter eine abermalige Steigerung – zumindest was die Streckenerwartung anbelangte – angekündigt. Meine persönliche Skepsis über die Möglichkeit einer Steigerung bei diesem erlebten Angebot wurde jedoch durch den vermutlichen „Schießdrang" meiner Freunde übertönt. Also blieben wir und harrten der Dinge, die am nächsten Tag auf uns zukommen sollten. Wir fuhren zu einer anderen Kolchose im Osten von Budapest und wurden dort – so wollten es die Herren der dortigen Jagdgenossenschaft – in gebührendem Abstand von den Rindern und deren Futter am Rande der Silos angestellt. Nach einer ziemlich langen Wartezeit näherten sich vereinzelt die ersten Tauben. Hoch oben am Himmel waren sie noch, als sie bei uns vorbeistrichen, um dann in immer tiefer werdenden Kreisen auf ihr Futter bei den Rindern einzufallen.

So ging es in verteilten Flügen über eine längere Zeit. In Ermangelung einer besseren Alternative versuchten wir natürlich auch in dieser Position unser Jagd- oder besser Schussglück. Manchmal gelang es, diese äußerst hoch daherstreichenden Vögel vom Himmel zu holen, aber oft sah man auch, dass die Beschossenen unter einem Rascheln der Schrote nur einige Federn ließen, die langsam zu Boden sanken. Der Vogel selbst eilte allerdings davon. Besonders mir passierte dieses Missgeschick einige Male, da ich in meiner Flinte Patronen mit nur 24 g Blei verschoss. Ein Wechsel zu 28 g Blei brachte gleich viel bessere Ergebnisse. Aber von dieser Sorte Patronen hatte ich nur noch 50 Stück zur Verfügung, so dass ein Rückgriff auf die zuerst verwendeten Patronen absehbar war.

Bei diesem Erlebnis fiel mir eine Geschichte ein, die sich in meiner Jugendzeit zugetragen hatte: Wir (mein Vater, mein Bruder und ich) waren zu einer Entenjagd eingeladen und wurden an einem Getreidefeld, das in Folge eines Unwetters niedergewalzt war, angestellt. Dort sollten die Vögel sehr zahlreich einfallen. Deshalb nahm jeder von uns fünfzig Patronen mit auf den Ansitz. Als die ersten Enten noch sehr hoch auf uns zustrichen, versuchte mein Vater,

gewöhnlich ein hervorragender Schrotschütze, sein Glück. Gleich eine der ersten Beschossenen stürzte auch vom hohen Himmel zu Boden. Dieses Erlebnis animierte den alten Herrn dazu, immer wieder auf weitere anstreichende Tiere anzulegen. Allerdings nur mit sehr geteiltem Erfolg. Wir Jungjäger hielten uns dabei sehr bis völlig zurück. Zu guter Letzt war Vaters Patronentasche geleert und ganze fünf Breitschnäbel lagen im Acker. Erst jetzt begann jedoch der richtige Strich, den wir jungen Pimpfe auch so richtig genossen. Jetzt erst, da die Enten in vernünftiger Schrotentfernung waren, schossen wir aus allen Rohren. Natürlich war unser Ergebnis bei etwa je vierzig Vögeln unvergleichbar mit dem unseres Erzeugers.

Und dieser „alte Herr" war ich nun selbst, freilich ohne Söhne, die es besser als ich gemacht hätten; und dabei bedachte ich auch (vielleicht wie damals mein Vater), dass nicht immer nur das Verhältnis Schuss zu Treffer entscheidend ist, sondern manchmal auch nur der Schuss höchster Schwierigkeit und Güte die weitaus größere Freude zu vermitteln vermag, auch wenn dieser Hochgenuss mit einigen Fehlversuchen erkauft werden muss. Der Flügelschlag vorbeistreichender Tauben holte mich aus meinen Gedanken in die Vergangenheit zurück zur Wirklichkeit der Kolchose. Ich schlug meine Flinte an, fuhr gut mit, eine Doublette herabtrudelnder Vögel beendete die Träumerei. Trotz dieses momentan erzielten Erfolges war über den angekündigten „Spitzentermin" von 15 Uhr hinaus den ganzen Tag über ein relativ mäßiger Flugbetrieb zu beobachten. Die erzielte Strecke musste man weit ab von der Prognose des Veranstalters mühsam zusammentragen. Insgesamt hatte ich 55 Tauben erlegt, etwa zweihundert Schuss (mit häufigem „Stauben") abgegeben und die Nase reichlich voll. Auch meinen Freunden erging es ähnlich, so dass wir, obwohl jetzt erst ein richtiger Strich (immer noch in unveränderter Höhe) einsetzte, bereitwillig das Feld räumten. „Hahn in Ruh, Jagd vorbei und Halali."

Gesamtbetrachtung

In der Gesamtbetrachtung der drei Jagdtage lässt sich feststellen, dass jeder dieser Abschnitte ein völlig anderes Erlebnisbild bot, wobei der Begriff „Jagd" hier wohl zum Teil kaum zu gebrauchen ist. Kolchosenjagd auf Felsentauben ist einfach eine Variante des Jagd-

besser Schießparcours ohne jeglichen Habitus eines „jagdlichen"
Gebarens. Wobei ganz entscheidend die Qualität dieser Sportart
durch die natürlichen Einflüsse des Windes wie auch der Schussdi-
stanz mit geprägt wird. Die Skala der Möglichkeiten reicht von
„Abschlachten" bis zu einem sportlich höchst anspruchsvollen
Schuss. Für mich persönlich störend war bei der Kolchosenschieße-
rei, dass die erlegten Vögel normalerweise völlig unbeachtet, wie
Ungeziefer liegen gelassen werden. Um so erfreulicher war es deshalb, dass am ersten Tage ein Falkner wenigstens die von mir erlegten
Vögel zur Atzung für seine Krummschnäbel einsammelte. Bestimmt
hatten alle Tage schießsportlich ihren jeweils anderen, besonderen
Reiz, wenngleich der zweite Tag bei den Türkentauben als Königstag
der Taubenjagd als tatsächlich erlebte „Jagd" in unserer Erinnerung
verbleiben wird.

Siebtes Kapitel

Erneut in Ungarn: Allein – in fremder Gesell- schaft – auf Taubenjagd

Ein beeindruckendes Zusammentreffen

In Ermangelung von befreundeten Jagdgefährten, die zu gleicher Zeit bereit gewesen wären, einem Angebot eines Wiener Jagdveranstalters zur Taubenjagd nach Ungarn zu folgen, entschloss ich mich, ganz alleine diese Reise anzutreten. So ganz auf mich allein gestellt war ich gespannt, wie diese zwei Tage auf Türkentauben in der Nähe von Budapest verlaufen würden. Schon beim ersten, vereinbarten Treffpunkt, im Büro des Veranstalters in Wien, lernte ich einige der Jagdgäste kennen. Auch diese waren sich wohl bislang überwiegend fremd. Dieses Bekanntwerden setzte sich dann fort, als wir in Ungarn angekommen waren, und drei weitere Jagdfreunde zu uns stießen. Dabei wurden von den beteiligten Herren Erfahrungen und Erlebnisse ausgetauscht, die mich in ehrfurchtsvolles Staunen und sogar Bewunderung versetzten. Zu klein war doch meine bislang erlebte Jagdwelt im Vergleich zum dargestellten Horizont dieser Jäger, als dass ich mich mit eigenen Geschichten hätte wesentlich beteiligen können.

Da erzählt der eine, dass er soeben von einer höchst erfolgreichen und geglückten Flugwildjagd aus Argentinien zurückkomme. Morgens Wasserwild, mittags Rebhühner, nachmittags Tauben und abends wieder Wasserwild war seine Beschäftigung über mehr als eine Woche, bei der er pro Tag mehr als tausend Schuss abgab. Auf die Vielzahl der Schüsse und die damit verbundenen potentiellen Folgen einer wohl fürchterlich schmerzenden Schulter angesprochen zeigte er als Lösung eine Manschette vor, die auf nackter Schulter getragen auch unter leichter Oberbekleidung einen hervorragend gepolsterten Schutz für Oberarm und Schießschulter bot. So etwas hatte noch keiner der Reiseteilnehmer bis dahin gesehen. Bewunderung über diese originelle

Ausstattung, die wohl nur in Amerika zu erwerben sei, war die Folge.

Ein anderer Beteiligter berichtet über seine wohl häufig erfolgreiche Beteiligung an Jagdparcours-Schießen, die er in der ganzen Bundesrepublik und auch in den benachbarten Ländern aufsuchte. Seine Erfolge bei der Jagd auf Flugwild – so stellte er sich vor – waren bei seinem einige Jahre zurückliegenden Erlebnis seiner ersten Taubenjagd allerdings nicht so erwähnenswert. Bei dieser Veranstaltung hätte er zunächst vierzig Schuss ohne Treffer – benötigt, bis sich dann endlich zählbare Ergebnisse einstellten. Mögliches Understatement?

Zwei Herren, aus der Schweiz angereist, erzählen von ihren gemeinsamen Erlebnissen auf Flugwild. Erst jüngst waren sie auf Wachteln in der Vojvodina unterwegs. Gleich im Anschluss an diese Tage in Ungarn würde es zur sehnsüchtig erwarteten Taubenjagd nach Schottland gehen. Auch von einer vor einiger Zeit erlebten, stark beeindruckenden Entenjagd in Simbabwe wurde mit leuchtenden Augen erzählt. Ein anderer Herr, ebenfalls aus der Schweizer Gruppe, berichtete über die phantastisch fliegenden Bekassinen, die er auf den Hebriden bejagt habe. Dabei hatte man bei diesen Erzählungen nicht den Eindruck, dass es etwa um ein Übertrumpfen oder gar Aufschneiden ging. Es sollten wohl einfach Erfahrungen und Eindrücke unter Gleichgesinnten ausgetauscht werden.

Mein eigener Beitrag zu dieser Gesprächsrunde hielt sich in Ermangelung gleichwertiger Offerten sehr in Grenzen. Mein persönlicher Eindruck nach einigen Stunden des Staunens war, dass es wohl kein fliegendes oder auch schnell rennendes Wild auf dieser Welt gebe, das nicht wenigstens einer dieser Herren bereits bejagt hätte. Ich war in der Tat in eine Runde von ausgesprochen professionellen Flugwildjägern geraten. Und diese Herren wollten sich in den nächsten Tagen mit einer ganz banalen und trivialen ungarischen Jagd auf Türkentauben zufrieden geben? „Wie sollte das wohl ausgehen?" war mein spontaner Gedanke. Auch dem Organisator, der diese excessiven Erzählungen mitverfolgt hatte, musste – so dachte ich – bei dem vorliegenden Erfahrungshorizont der Jägerschaft schon ganz bange geworden sein, ob er auch die sicher hoch liegenden Erwartungen würde hinreichend erfüllen können.

Da uns jedoch auch der Senior-Chef des Jagdbüros mit seinem ebenfalls riesigen Erfahrungsschatz als Flugwildjäger in aller Welt begleitete, war davon auszugehen, dass die bevorstehenden Tage auch in anspruchsvollem Sinne erfolgreich verlaufen würden. Dem eigentlichen Organisator und „Ungarn-Taubenspezialisten" des Hauses, der der ungarischen Sprache mächtig ist, oblag es nun, für uns alle eine zufrieden stellende Veranstaltung durchzuführen. Allerdings war ich bei all meinen Gedanken über die Zusammensetzung dieser höchst professionellen Runde von Flugwildjägern gespannt, wie sich diese Herren dann in der Erprobung der rauen Wirklichkeit auch tatsächlich bewähren würden. Den Eindruck eines ausdrücklichen Aufschneiders hatte beim Kennenlernen keiner gemacht, wenngleich etwas Übertreibung bei Jägern, Fischern und „sonstigen Lügenbeuteln" bekannterweise normal sein dürfte.

Mit etwas mulmigem Gefühl in der Magengegend (vermutlich) über den bevorstehenden, persönlichen Test in erlauchter Runde begab ich mich zur Nachtruhe. Als der Wecker den Morgen endlich anklingelte, war ich gedanklich schon mehrfach aufgestanden und hatte dabei stets die Uhrzeit kontrolliert. Wollte ich doch auf keinen Fall zu denen gehören, die etwa den Aufbruch zur Jagd verschlafen würden. Pünktlich, wie es sich gehört, trafen auch alle Jäger zum Frühstück ein. In der Nacht hatten sich noch zwei weitere Herren zu unserer Gruppe gesellt, die wir nun auch noch begrüßten.

Der erste Tag erwartet uns

Nachdem wir uns für den Tag genügend gestärkt hatten, begaben wir uns – auf mehrere Autos verteilt – in Richtung des Revieres, wo wir am ersten Tage weidwerken sollten. Vor Ort erwarteten uns bereits freundliche Mitglieder der Jagdgenossenschaft, die uns ihr Revier für den heutigen Tag zur Verfügung gestellt hatten. Nach einer kurzen Begrüßung durch den Jagdherrn, verbunden mit den entsprechenden Ermahnungen und Hinweisen zum erwarteten Schießverhalten mit einem Mindestwinkel von 45 Grad aufwärts, schwärmten wir jeweils in Begleitung eines Jagdhelfers am Rande eines riesigen Sonnenblumenschlages aus. Bereits hunderte von Tauben saßen auf den Stromleitungen, die über diese Sonnenblumenlandschaft vor uns gezogen waren.

Wegen einer eventuell nahenden Gefahr durch die Jäger ließen sich diese Vögel überhaupt nicht beeindrucken. Sie warteten wohl alle auf die Zeit, da sie sich bei genügend großem Hunger auf die reife Äsung im „Schlaraffenland" würden herabfallen lassen. Die ersten Schüsse auf einzelne, vorbei streichende Vögel brachten Unruhe in die Taubenlandschaft. Tausende von bereits in den Sonnenblumen verborgenen Täubchen erhoben sich augenblicklich aus ihrer Deckung und verdunkelten stellenweise den Morgenhimmel. Bei diesem Anblick regelrechter Taubenwolken dachte ich mir spontan: „Na ja, das kann ja munter werden, wenn diese Tiere wieder zu ihrer begehrten Äsung zurück kommen wollen."

Ein wunderschöner, sonniger und fast windstiller Morgen begleitete das Geschehen. Es vergingen kaum ein paar Minuten der Ruhe und schon waren am Horizont überall Tauben in Bewegung zu sehen. Da die Landschaft flach und somit gut überschaubar und auch einsehbar war, hatte jeder der Anwesenden genügend Gelegenheit, das gesamte Jagdgeschehen hervorragend zu beobachten. Überall krachte es, überall fielen Täubchen zu Boden – teils aus höchster Höhe, teils aus für eine Flinte gut erreichbarer Entfernung. Der Eindruck des Vorabends, mit einer professionell zu Werke gehenden Truppe unterwegs zu sein, bestätigte sich zunehmends. Herrlich anzusehen, wie gekonnt die Schützen ihre Aufgaben wahrnahmen. Natürlich vergaß ich – trotz dieser überragenden Eindrücke aus der Umgebung – nicht mein eigenes Pensum, Türkentäubchen, wenn möglich aus großer Höhe, zu Boden zu strecken.

Genügend Gelegenheit hierzu bestand für mich und auch alle anderen Jagdteilnehmer. Vergleichbar mit den Herren um mich herum hatte auch ich keine großen Probleme, die gestellte Aufgabe zufriedenstellend zu lösen. Natürlich waren immer wieder Schüsse dabei, deren Ausgang man so nicht erwartet hatte: Sei es, dass man die Entfernung der Tiere unterschätzte, sei es, dass man auf die vordere zweier Tauben anlegte, und die hintere stürzte zu Boden, oder dass man eben anlegte wie eben und keines der Tiere fiel, oder dass man, wie es einem der Jagdfreunde erging, mit einem Schuss sogar drei Tiere aus der Luft holte.

Seltenes Glück

Auch ich hatte einmal besonderes Glück, da ich auf die vordere zweier heran stürzender Türkentauben anlegte und diese und auch ihre Nachfolgerin tödlich getroffen zu Boden fiel. So etwas war mir

in meinem gesamten Jägerdasein noch nicht zu oft passiert. So veranlasste mich dieses beeindruckende Erlebnis, nach vergleichbaren Anlässen nachzudenken. Dabei fielen mir nur einige Vorkommnisse mit gleichem Ausgang ein, wohl hauptsächlich bei der Jagd auf Wildenten und auch, allerdings bereits in grauer Vorzeit, auf Rebhühner. Aber lange Zeit des Grübelns blieb mir nicht, da bereits die nächsten Täubchen sich näherten und erneut höchste Konzentration verlangten. Tauben waren in riesiger Zahl unterwegs. Jeder der angestellten Schützen konnte sich über einen guten Anlauf bzw. Anflug freuen.

Mein Helfer hatte sich in Arbeitsteilung mit mir darauf konzentriert, mir alle Tauben anzukündigen, die aus seiner beobachteten Blickrichtung kamen. Ich konzentrierte mich auf die entgegengesetzte Richtung. So konnten wir beide zusammen den gesamten Radius um uns herum beobachten. Keine Taube näherte sich uns unerkannt oder zu spät gesehen. Da mein Jagdhelfer kein Wort Deutsch und außer Ungarisch wohl auch keine Fremdsprache beherrschte, war ich gezwungen, mich mit ihm nur „mit Händen und Füßen" zu verständigen. So konnte ich dennoch herausbringen, dass er, ein junger Mann von etwa 25 Jahren, wohl in einer Bibliothek arbeiten würde. Mit der Jagd habe er direkt nichts zu tun. Für seine heutige Tätigkeit hätte er sich Urlaub genommen, da sein Verdienst an diesem Tage seine sonst erzielbaren Einkünfte etwas übersteige. Wenn man dann noch weiss, dass die Jagdgesellschaft derartige Hilfe mit etwa 20 DM pro Tag belohnt, ist ein Eindruck über die bescheidenen Verdienstmöglichkeiten, erzielbar in der Nähe der Zentrale Budapest, gegeben. Auffallend war noch, dass dieser junge Mann über ein Handy verfügte, das er während dieses Tages häufig benutzte, um jemanden anzurufen. Bei unseren hohen Gebühren für diese Dienste, so dachte ich mir, wäre der Tageslohn bestimmt für die Rechnung der „MobilCom" aufzubringen gewesen.

Eine ordentliche Pause gehört dazu

Der Vormittag neigte sich seinem Ende entgegen. Der Strich der Vögel wurde deutlich spürbar schwächer. Es war Zeit, sich und den Tauben eine Mittagsruhe zu gönnen. Hierzu hatte der Veranstalter an einem schattigen Platz unter Pfirsichbäumen eine gemütliche Tischtafel aufgebaut. Gekühlte Getränke, eine typisch ungarische Brotzeit,

Obst und Käse, gefolgt von einem abschließenden Kaffee bestimmten die Menüfolge. Das herrschaftliche Jagdgeschehen war auch während seiner Pausenzeit ebenfalls herrschaftlich ausgestaltet. In freundlicher, fast freundschaftlicher Atmosphäre wurden die Erlebnisse des Vormittages ausgetauscht, das eine oder andere Ereignis mit Spaß oder auch mit Spott gewürdigt. So stellte einer der Beteiligten, der erfolgreiche aktive Parcours-Schütze, zum Schwierigkeitsvergleich Taubenjagd-Parcours fest, dass man im Parcours stets sicher wisse, wie die Tauben kommen und wie sie auch weiterfliegen würden. Beim jagdlichen Schießen, besonders auf Türkentauben, könne man nie gewiss sein, ob nicht eine plötzliche Richtungsänderung des Zieles den Schuss ins Leere gehen lasse. Dies sei ihm heute leider zu oft passiert.

Trotzdem war einigen von uns aufgefallen, dass gerade er auch noch die entferntesten Tauben vom Himmel geholt hatte. Um das Rezept für diesen Erfolg neugierig befragt, rückte er nach Zögern heraus, dass er dann eben mit Patronen, gefüllt mit 52 Gramm 2,7-mm-Schrot, geschossen hätte. Ein mehrfaches Wiederholen derartiger Schüsse würde jedoch seine bereits heftig schmerzende Schulter verbieten.

Kaum war das Essen vertilgt begann erneut der Flug der Tauben einzusetzen und sich zunehmend zu verstärken. Bei diesem Anblick wurden einige der Jagdteilnehmer, besonders der Veranstalter, unruhig und verkürzten ihren Kaffeegenuss auf eine Tasse. Der erneute Einsatz vor Ort wartete auf die Schützen. Die Positionen des Vormittages wurden teils beibehalten, teils durch kühlere im Schatten der Pfirsichbäumchen ausgetauscht. Auch ich zog, nachdem ich am Vormittag schon einigen Schweiß vergossen hatte, einen der etwas schattigeren Plätze in der Pfirsichplantage vor. Über diese Bäumchen kamen die Tauben laufend herbeigestürzt, um dann auf die in einiger Entfernung hinter meinem Rücken liegenden Sonnenblumenfelder einzufallen. Auch ein leichter Wind kam auf. Eine allseits attraktive Steigerung des Vormittagsgeschehens war zu erwarten.

Schlag auf Schlag ging es los und auch weiter. Eine Zeit lang gelang es mir, hintereinander etliche Doubletten zu Boden zu strecken. Auch einzelne, heran hastende Tauben wurden aus großer Höhe meine sichere Beute. Aber plötzlich verfehlte ich hintereinander zehn Schuss lang Tauben, die ich vorher in eben gleicher Höhe und Richtung ausnahmslos niedergestreckt hatte. Zeit zur Ruhe und zur Besinnung war gekommen. Für die nächsten Minuten ließ ich alle Vögel, die an mir vorbeikamen, völlig unbehelligt zu ihren Äsungsgründen fliegen. Ich schaute ihnen nur wohlwollend nach. Nach kurzer Zeit der Erholung sollte es wieder weitergehen.

Laden, schießen, laden, schießen ...

Die Zahl der herbeieilenden Vögel vergrößerte sich deutlich erkennbar nochmals, wobei nun am Nachmittag auch ganze Flüge von „Felsentauben" sich vermehrt unter die eher vereinzelt heranstürmenden Türkentauben mischten. Die Handlungssequenz für eine Zeit lang hieß nur noch: Laden, Schießen, Laden, Schießen ..... Zeitweise verfiel ich, nach regelrechtem Bemühen wie eben dargestellt, bei der Vielzahl vorbeihuschender Vögel nur noch ins Staunen. Ich sah den zahlreichen Tieren einfach auf ihrem Wege nach und beobachtete, wie sie dann eben vom Nachbarn oder auch etwas weiter entfernt beschossen ihre Reise beendeten. Schließlich besann ich mich wieder des eigentlichen Vorhabens und beendete den Flug so mancher Vögel jäh mit einem Knall.

Natürlich suchte ich mir, bei diesem Angebot, nur noch die Tiere zum Beschießen aus, die in anspruchsvoller Entfernung oder auch in schwierigem Schusswinkel an mir vorbeieilten. Schließlich sollte das Schießen jeweils mit einer Herausforderung verbunden sein. Der Nachmittag war so in Windeseile verstrichen. Die Jagd an diesem Tage war vorbei. Die Helfer, die während des gesamten Tages die erlegten Tiere eifrig aufgelesen hatten, reihten die Beute zu einer ordentlichen und auch beeindruckenden Strecke auf. Der Jagdleiter verkündete das Ergebnis: Die teilnehmenden 10 Schützen wurden zu insgesamt 530 Tauben beglückwünscht. Mein persönliches Ergebnis lag bei insgesamt 115 Tieren, die ich zur Strecke beitragen durfte.

Der folgende Abend wurde ausgiebig von der gesamten Gruppe, die einhellig als höchst harmonisch bezeichnet wurde, gefeiert. Das eine oder andere Erlebnis der Jäger wanderte so um den Tisch. Zahlreiche Jagdgeschichten aus der ganzen Welt bestärkten meinen persönlichen Eindruck, hier unter Leuten Gast sein zu dürfen, deren wesentliche Hauptaufgabe ihres Daseins darin besteht, dem jagdbaren Wild in besonders ansprechender Form nachzustellen. Zu einem persönlichen, realistischen Vergleich mit derartigen Nimroden fehlt mir, so lautete meine alsbaldige Erkenntnis, noch Alter, Zeit und Geld. Doch unsere gemeinsame nächste Aufgabe sollte noch der zweite Tag unserer Jagdveranstaltung in Ungarn sein.

Der zweite Tag zeigt sich von seiner besten Seite

Ähnlich wie am Vortage wurden wir zu einem riesigen Sonnenblumenschlag gebracht. Dieser war an einer Seite mit einer Allee von Pappeln gesäumt. Da die Tauben aus Richtung der Bäume erwartet wurden, stellte man einen Teil der Jägerschar eben dort ab. Der Rest der Gruppe wurde, wie gehabt, am Rande der Sonnenblumen postiert. Wie bereits gestern erlebt, nahm das Geschehen in gut überschaubarer Position seinen Lauf. Zahlreich strichen die Tauben heran und wurden häufig zur schnellen und sicheren Beute der wartenden Jäger. Dies konnte ich von meinem Platz im Feld gut erkennen. Meine persönlich gestellte Aufgabe für den heutigen Tag war, ausschließlich selektiv zu schießen und nur auf äußerst schwierig erlegbare Vögel anzulegen.

Dies gelang mir wohl auch einigermaßen, wenngleich ich anfangs festzustellen hatte, dass fast jede der beschossenen Tauben zwei Schuss benötigte oder sogar ohne erkennbaren Treffer davonstieb. Ich ermahnte mich selbst zu etwas mehr Konzentration mit erfolgreichem Ende. So verging der Vormittag wiederum wie im Fluge. Die Mittagspause, die mit ähnlichem Zeremoniell wie am Vortage begangen wurde, war gekommen. Im Schatten der herrlichen Pappeln hatten die Helfer angerichtet. Bei leichtem Wind und kühlem Ambiente hatten wir Gelegenheit, uns zu stärken und uns etwas von der Sonne aber auch der Erregung des Vormittages abzukühlen. Jedoch lange konnte diese erfreuliche und auch wohltuende Ruhe nicht währen. Genau über uns hinweg setzte schon nach kurzer Zeit der Besinnung der Flug der Tauben in großer und rasch nochmals zunehmender Stärke ein. Bei diesem Anblick merkte man deutlich, wie Unruhe, sogar Hektik in die Pause einfloss. Besonders der Jagdorganisator, selbst ein begeisterter, ja sogar passionierter Schütze, rief zu weiteren Taten auf. Das Feld folgte ihm und nahm die zugedachten Positionen ein.

Was mich betrifft, schien mir ein Platz gleich hinter den Pappeln besonders begehrenswert. Ich bekundete mein Interesse, diese Stelle besetzen zu dürfen. Der ungarische Jagdherr befürchtete allerdings, dass ein Teil der getroffenen Tauben in den seitlich angrenzenden Mais fallen könnte. Dort würden und sollten die Helfer die Nachsuche auf keinen Fall aufnehmen. So stimmte ich dessen Sorge zu und trachtete danach, die angesprochene Fallrichtung der Tauben in den Mais zu vermeiden. Und trotzdem konnte ich mit der Auswahl dieses Platzes hoch zufrieden sein, wie sich bald zeigen sollte. Vor mir etwa in fünfzig Meter Entfernung säumte die Allee von gut zwanzig Meter hohen Pappeln einen Graben. Diese Pappeln hatten die heranstiebenden Tauben mit einigem Abstand zu überwinden, wenn sie sich auf den Weg zu den begehrten Sonnenblumen begaben.

Da sich gleichzeitig ein Gewitter mit leisem Donner und aufkommendem Wind ankündigte, waren die Voraussetzungen für einen idealen Strich der Vögel gegeben. Ich brauchte nicht lange zu warten, bis ich bereits meine ersten Tauben erfolgreich zu Boden gestreckt hatte. Auch die akzeptierte Vereinbarung, den Schuss zu vermeiden, wenn die Vögel links an mir vorbei strichen, brachte keine wesentliche Beschränkung meines Tuns. Ich suchte mir wirklich nur die Tauben aus, die in genügend Abstand und auch ansprechendem Winkel an mir vorbeizogen. Zufriedenheit in der ganzen Linie stellte sich ein. Die Helfer liefen regelrecht um die Beute, die zeitweise wie reife Früchte vom Himmel fiel.

Die letzte Runde steht bevor

Da ich heute eben auf eine ausschließlich hohe Qualität der abgegebenen Schüsse achten wollte, legte ich wirklich nur auf die Tauben an, die dieser Forderung auch entsprachen. Wenn die Vögel so über den Bäumen heran stürzten und sich, unterstützt vom Wind, dahintreiben ließen, dachte ich mehrmals vergleichend an Fasanentreiben, bei denen die Vögel ebenfalls turmhoch „vorbeischwimmen". Nur wesentlich kleiner waren sie, die Täubchen, denen eben jetzt meine Aufmerksamkeit galt. Der Strich in Richtung Feld wie auch mein Patronenvorrat nahm merklich ab. Teilweise sah man die Tauben bereits wieder auf dem Rückweg über uns hinwegziehen. Aber diese Schüsse auf die bereits von weitem erkennbaren Vögel waren wesentlich einfacher als die von vorher. Ich zählte meine letzten Patronen und stellte bei dem Rest von vier Stück meine persönliche Forderung still für mich auf: „Für drei Tauben sollte dies auf alle Fälle noch reichen!" Die nächsten beiden Täubchen, die vom Feld zurückkamen, waren mein Ziel und auch meine Beute. Noch ein einzelnes Tier danach und – die letzte Patrone lag im Lauf – noch ein Vogel fiel vom Himmel: Jagd vorbei, Halali – zumindest für mich. Ich war mit mir und auch der gebotenen Möglichkeit hoch zufrieden. Neunzig Täubchen an diesem Tage war reichlich geerntet.

So begab ich mich in den Hintergrund der Szenerie und konnte von dort aus in beschaulicher Ruhe das weiter anhaltende Geschehen vor mir beobachten. Meinen zweifellos guten Stand hatte einer der Schweizer eingenommen, dem man weder in seinem Aussehen noch in seinem Verhalten noch in seiner Schießleistung ansehen konnte, dass er im nächsten Jahr bereits acht Jahrzehnte seines Erdendaseins vollenden wird. Eine reine Freude war es zu erleben, wie dieser äußerst vitale Herr die Tauben vom Himmel holte und wie er, stets einen Spaß auf der Lippe, sich und andere kommentierte. Auch die anderen, noch übrig gebliebenen Mitstreiter konnten wegen ihrer auffallenden Schießfertigkeit gefallen. Für einen Jagdveranstalter, der zweifellos auch von der erzielten Strecke lebt, ist es sicher eine Freude, eine derartig zusammengesetzte Jagdgesellschaft zu organisieren.

Eine begeisternde Veranstaltung

Für mich als einer, der diese zwei Jagdtage erleben durfte, war diese Veranstaltung höchst erfreulich, ja sogar begeisternd. Hierfür verantwortlich war, dass zum einen ausschließlich hervorragende Schützen teilnahmen, dass keiner der Beteiligten durch abartiges oder egoistisches Verhalten auffiel und dass alle ausnehmend nette, gemeinschaftsfähige Menschen waren. Mit einer derartigen, zufällig gebildeten Gruppe könnte man jederzeit wieder ein gemeinsames Unternehmen starten. Meine eingangs getragenen Bedenken, mich als einzelner einer Gruppe anschließen zu müssen, waren in Anbetracht der Erlebnisse der beiden Tage völlig aus dem Wege geräumt. Natürlich trug auch wesentlich zur Harmonie des Gesamteindruckes eine ausgezeichnet abgelaufene Jagdveranstaltung mit entsprechendem Wildvorkommen bei. Dies ist zweifellos auch ein Verdienst der Organisatoren dieser unvergessenen Tage in Ungarn.

ACHTES KAPITEL

Ein beinahe nostalgischer Trip: Zur Rebhuhnjagd nach Dänemark

Wie es früher war?

Früher, in einer Zeit bevor in deutschen Landen der Mais großflächig angebaut wurde und die „Flurbereinigung" den Landwirten und Jägern noch ein Fremdwort und somit auch ohne Wirkung war, war die Vegetation unserer Feldjagden durch abwechselnde Rüben, Klee und Kartoffelschläge, unterbrochen von der einen oder anderen säumenden Hecke und hier und da einem Feldrain, besetzt mit vielerlei Kraut und „Unkraut", gekennzeichnet. Dieses war auch das ideale Biotop für Rebhühner, die damals überall reichlich vorkamen. Für die Jagd auf die Hühnervögel benötigte man neben seiner Flinte einen Vorstehhund, einen Hühnergalgen am Gürtel und eine Tasche voller Patronen. So ausgestattet war es in vielen Gegenden unseres Landes möglich, mit ein paar Versuchen im Verlauf eines Vormittages oder auch Nachmittages zahlreiche Hühner zur Strecke zu bringen.

Die Jagd lief in den meisten Fällen so ab, dass man dem in den Feldern revierenden Hund folgte. Stand dieser schließlich vor, näherte man sich dem Helfer, trat die Vögel heraus und konnte so die abstreichende Kette von Hühnern beschießen. Die Nachsuche der erlegten Tiere folgte sogleich, bevor der nächste Versuch begann, ein weiteres Volk von Hühnern ausfindig zu machen. Damit ist der Idealtyp dieser ehemaligen Jagdart kurz beschrieben. Die Wirklichkeit stellte sich nur in den seltensten Fällen so einfach und schlüssig dar. Zu oft waren die eingesetzten Hunde zu unruhig und sprangen viel zu früh ein oder sie bekamen die Vögel nicht richtig in den Wind und sprengten sie kurzerhand aus der

Deckung. Die so aufgescheuchten Hühner entflohen dann häufig in für einen erfolgreichen Schuss zu großer Entfernung. Oder die in einen Rübenschlag gestreckten Hühner konnten von den Hunden einfach nicht gefunden werden.

„Sicher geflügelt", war folglich die erklärende und zugleich entschuldigende Äußerung der beteiligten Jäger. Doch insgesamt war die Jagd auf die Rebhühner ein weit verbreiteter, sehr beliebter und auch erfolgreicher Zeitvertreib, der im Jagdjahr einen festen Platz einnahm. Neben der reinen Freude der Jagdausübung bot das Rebhuhn eine begehrte, kulinarische Besonderheit. Für die teilnehmenden Jäger war diese Jagdart außerdem mit einer hervorragenden Vorbereitung auf den Herbst und die dann folgenden Treibjagden auf Hase und Fasan verbunden. Aber lange schon gehört die Jagd auf diese Hühnervögel in den meisten Regionen unserer Heimat der Vergangenheit an. Neben der für die Hühner unwirtlichen Landschaft hat sich auch noch eine Vielzahl von Feinden wie Rabenvögel, Fuchs, Marder aber auch wildernde Katzen stark vermehrt. Der dereinst überreichliche Bestand an Rebhühnern ist hierzulande somit auf ein Minimum geschrumpft. Eine Bejagung findet deswegen vielerorts nicht mehr statt.

99

Hühnerjagd heutzutage – im Ausland

Hegt man heutzutage den Wunsch, diese Vögel zu jagen, so ist man in der Regel auf eine Reise in fremde Länder angewiesen. So entdeckte ich in einer Jagdzeitschrift eine Offerte, die das Angebot einer Hühnerjagd in Dänemark zum Inhalt hatte. Hierdurch richtig begierig gemacht bat ich um weitere, detaillierte Unterlagen. Auch diese stimmten hinsichtlich Preis und Streckenerwartung immer noch optimistisch, so dass ich mich zusammen mit drei weiteren Freunden für diese Jagd entschloss. Anfang Oktober war es schließlich soweit, dass wir die sehr weite Reise in aller Ruhe und rechtzeitig genug, so dachten wir wenigstens, auf uns nahmen. Bedingt durch ein Missverständnis über den „ersten Jagdtag" mit dem Veranstalter erfuhren wir jedoch per Handy auf der Fahrt gen Norden, dass wir – es war gegen neun Uhr Vormittag – bereits im Revier zur Jagd erwartet würden. Doch wir waren noch etwa dreihundert Kilometer vom Zielort entfernt. So büßten wir eben –

murrend aber ohne Alternative – einen halben Tag an Jagdmöglichkeit ein und verabredeten uns mit dem Jagdveranstalter an der Fähre in Dänemark.

Völlig neue Eindrücke erwarten uns

Am vereinbarten Zielort angekommen wurden wir vom Veranstalter bereits sehnsüchtig erwartet in Empfang genommen. Er brachte uns umgehend zum Jagdhaus des Bestänters, der zusammen mit den versammelten Jagdhelfern auf seinen Einsatz wartete. Bei unserer offiziellen Begrüßung vom Jagdherrn wurden wir unter anderem auf den ortsüblichen Umgang mit der stets riemenlos zu führenden Flinte hingewiesen. Für alte und erfahrene Jäger, die wir sind bzw. waren, keine Neuigkeit. Wir wurden, wie bei jeder Einweisung zur Jagd üblich, auch zur Einhaltung einer Schussdisziplin ermahnt. Außerdem erinnerte uns der Bestänter an die Vorschrift, nur bleiloses Schrot zu verwenden. Dies sei in Dänemark mittlerweile gesetzliche Bestimmung.

In Kenntnis dieser Vorschrift hatten wir in Vorbereitung unserer Reise genügend Patronen in Wismuth oder auch Stahl eingepackt. Auch bei uns zu Hause gibt es mittlerweile einige Sportschießstände, auf denen der Gebrauch von Bleipatronen verboten ist. Zur Treffsicherheit dieser Patronen hörte man von den Schützen unterschiedlichste Meinungen. In den Broschüren des Jagdvermittlers war auch bereits auf diese neuen Schrotmaterialien hingewiesen, verbunden mit ein paar Anweisungen für den Schützen. Wir waren gespannt und wollten diese für uns alle neue Füllung der Patronen auch gerne ausprobieren. Wir waren somit bereit zur Jagd.

Hierzu führte man uns auf einem Jagdwagen direkt ins Revier. Auf der kurzen Fahrt dorthin konnten wir uns einen Eindruck von der Landschaft und dem Biotop machen, wo die Hühner hier lebten und auch bejagt werden sollten: In einem endlos scheinenden Poldergebiet, das ehemals mittels eines in der Ferne erkennbaren Deiches der Ostsee abgerungen wurde, war der überwiegend sandige Boden in seinem Grundbewuchs mit dünnem und harten Gras bedeckt. Hierauf waren in einem Abstand von einigen hundert Metern in paralleler Richtung nebeneinander Hecken angepflanzt, die aus Weiden und anderen schnellwüchsigen Büschen bestanden. Links und rechts dieser Hecken hatte man einige Streifen Mais gepflanzt, der wegen des schlechten

Nährwertes des Bodens sichtlich vor sich hin kümmerte. Dort sollten die Rebhühner wohl ihre Hauptdeckung und auch Äsung nehmen. Ein strammer Wind begleitete unser Bestreben, die Vögel aufzufinden.

Als Gruppe von vier Jägern wurden wir vom Beständer selbst geführt. Begleitet wurden wir von zwei Hundeführern mit ihren ein oder auch zwei vierbeinigen Helfern. Je zu zweien aufgeteilt streiften wir Schützen links bzw. rechts der Hecken entlang. Vor uns revierte jeweils ein Vorstehhund, sei es ein Magyar Viszla, oder auch ein Pudelpointer. Als wir so einige Schritte dahin zogen, ohne dass etwas passiert wäre, schweiften meine Gedanken für einen kurzen Moment in die Vergangenheit zurück, da wir auch in unseren Regionen genügend Hühner hatten. „Bei solch einem Wind", so dachte ich, „wären wir früher nicht auf Rebhühner gegangen". Ein derartig strammer Wind war nach unserer damaligen Meinung für die Nase des Hundes viel zu streng, um die zarte Wittrung der Feldhühner aufnehmen zu können.

Dieser Gedanke war noch gar nicht richtig ausgedacht, als ich im Winkel meiner Augen den vor uns revierenden Pudelpointer vorstehen sah. Wie in Stein gehauen stand er im Grase fest, die Nase etwas tiefer gegen den Wind gerichtet. Meine Gedanken, gerade zum Träumen entschwunden, kehrten schlagartig zurück. Mein Puls beschleunigte sich merkbar. Mit jedem Schritt, den ich mich dem Hund näherte, stieg meine Spannung. Der Hund zog etwas nach, um nach wenigen, vorsichtig gesetzten Schritten gleich wieder zu verharren. Wir waren auf etwa zehn Meter herangekommen, da ermutigte der Hundeführer seinen Helfer zum Einspringen. Ich war äußerst konzentriert und lauerte auf das Geschehen. Meine Spannung war auf dem Höchstpunkt angelangt. Der Hund tat wie ihm befohlen; jedoch nichts Erkennbares passierte. Schlagartig sank meine Anspannung, verbunden mit etwas Enttäuschung über das vermutlich falsche Signal des Hundes. Er suchte noch weiter an der Stelle herum, von der er wohl Wind bekommen hatte. Doch nichts von einem Rebhuhn war zu sehen. Vielleicht waren hier noch vor kurzer Zeit Hühner gelegen?

Tatsächlich – Hühner sind vorhanden

Einige Schritte weiter, und auf der anderen Seite der Hecke purrte ein Huhn aus seiner Deckung. Wohl überrascht und vielleicht sogar erschrocken verfehlten meine Jagdfreunde mit ihren Schüssen das

Ziel. Dies war der Auftakt und auch der erste tatsächliche Nachweis, dass wohl Rebhühner da sind. Wir gingen nicht mehr weit, da stand der vierbeinige Helfer erneut vor. Aber dieses Mal konnten wir lediglich noch ein paar Schritte tun und zwei Hühner stoben in gut dreißig Schritt Entfernung davon. Ich suchte mir den linken Vogel aus, backte an und ließ fliegen. Im Hall des Schusses stürzte das Rebhuhn zu Boden. „Bravo", dachte ich, „der Anfang ist gemacht".

Mein stolzer Blick zu meinem Jagdfreund zur Rechten zeigte mir, dass dieser im selben Moment wie auch ich seine Flinte öffnete. „Hast du wohl auch geschossen?", war meine leicht enttäuschte Frage. Die bestätigende Antwort zeigte mir, dass meine Begeisterung über den erfolgreichen Schuss eben nur zur Hälfte mir gehörte. Allerdings für Nachdenken oder gar getrübte Freude blieb keine Zeit. Nur wenige Schritte weiter wurden vor den Freunden jenseits der Hecke mehrere Hühner hoch. Ein paar davon wählten den Weg über die Büsche hinweg, quer streichend an uns vorbei. Im Knall unserer Flinten fielen zwei Hühner zu Boden; zwei weitere segelten unbeschossen in die Hecke gegenüber. „Bravo" und „Weidmannsheil" wechselten die Kehlen.

Jetzt war die Zeit der bislang angeleinten Retriever gekommen, die Beute zu finden und sie zu apportieren. Sie erledigten ihre Aufgabe ohne große Verzögerung, zumal in dem nicht zu hohen und auch nicht zu dichten Gras die niedergestreckten Hühner doch relativ leicht zu finden waren. Während die Hunde nach der Beute suchten, dachte ich an die oft schwierigen Nachsuchen, die unsere Hunde früher in den Kartoffelfeldern oder noch mehr in den Rübenschlägen durchzuführen hatten. So manches Huhn konnte damals einfach nicht gefunden werden. Aber die Aufgabe des Auffindens der Beute war eben hier wegen der anderen Vegetation ungleich einfacher.

Die erste Doublette fällt

Wir beendeten das Durchstreifen dieser ersten Hecke mit weiteren erlegten Hühnern, die wir an ihrem Versuch abzustreichen erfolgreich hindern konnten. Nach einer kurzen Fahrt mit dem Jagdwagen standen wir vor dem nächsten Heckenstreifen. Auch hier begannen wir, ähnlich wie vorher, mit zwei Mann links und zwei Mann rechts von den Büschen. Ich ging vor meinem Mitstreiter etwas vorgezogen, von der Hecke weiter entfernt, voran. Da wurde ein Volk von Hühnern hoch und versuchte, vor mir über die Büsche hinweg zu entfliehen. Voll konzentriert nahm ich das erste Huhn ins Visier, mein Schuss streckte es zu Boden. Und gleich noch ein zweites Tier anvisiert: auch dieses fiel getroffen jenseits der Deckung nieder.

Das war bei dieser Jagd meine erste Doublette. „Gut gemacht", dachte ich, da im selben Moment aus der Hecke rückwärts eine weitere Kette von Hühnern hoch wurde. Sie strich an meinen Freunden vorbei, die in diesem Augenblick für mich gut erkennbar hervorragende Arbeit leisteten. Einige Hühner stürzten getroffen zu Boden. „Die kann man zum Jagen mitnehmen" war mein erfreuter und mich auch zufriedenstellender Gedanke in diesem Moment. So oder ähnlich ging es an diesem Tage fast pausenlos weiter. Jeder von uns hatte reichlich Gelegenheit, einige hervorragende Schüsse zu platzieren, sei es, dass die Hühner, bedingt durch den ziemlich starken Wind, ihren Flug beschleunigten, sei es, dass herrliche Doubletten zu Boden gestreckt wurden. Da wir Schützen jedoch stets relativ nahe zueinander die Gegend durchstreiften, passierte es allerdings leider allzu häufig, dass wir gemeinsam a tempo ein und dasselbe Huhn beschossen. Wie gesagt – in diesem Fall war die Freude eben zu teilen oder auch nur die Überzeugung über die eigene Schießkunst auf die Spitze zu treiben. Zu den verwendeten Patronen konnte keiner von uns eine groß abweichende Wirkung in der Trefferausbeute feststellen. Hatte man sein Ziel ordentlich erfasst und wurde der Schuss gut durchgeschwungen, gab es nur ein Resultat: Der getroffene Vogel stürzte tödlich getroffen zu Boden.

Ein eindrucksvoller Tag geht zu Ende

Auch die Arbeit der Hunde war bemerkenswert. Immer wieder standen sie in beachtlicher Weise vor, immer wieder wurde die erzielte Beute ausnahmslos gefunden. Öfter jedoch, und auch das gehört wohl zur Hühnerjagd – auch in Dänemark – dazu, sprengten die Jagdhelfer, wenn sie aus ungünstigem Winkel auf die Vögel kamen, in viel zu großer Entfernung einige Tiere hoch. Diese blieben folglich unbeschossen. Und doch beendeten wir diesen Jagdtag mit einer Vielzahl von Eindrücken, die eine Rebhuhnjagd in Dänemark eben zu vermitteln vermag. Zum Abschluss des Tages wurde natür-

lich noch Strecke gelegt. Gut 120 Hühner wurden vom Jagdherrn vermeldet und schließlich feierlich verblasen. Hoch zufrieden mit dem Vorkommen von Wild, mit der Organisation der Jagd und auch mit unseren Leistungen als Schützen ließen wir in unserem Hotel den Tag ausklingen. Wie unter Jägern so üblich ging die eine oder andere Geschichte an Erlebtem oder auch nur Erträumtem um den Tisch. Aber hiervon will ich an dieser Stelle nicht berichten.

Eine neue Mannschaft für den zweiten Tag

Der nächste Tag begrüßte uns mit strahlendem Sonnenschein. Immer noch herrschte ein strammer Wind. Insgesamt also eine hervorragende Chance für den bevorstehenden Jagdtag. Heute hatten wir neue Hundeführer und auch einen anderen Cheforganisator zugeteilt bekommen. Ich war gespannt, ob diese Neuen ihre Arbeit auch so gut machen würden wie die Helfer von gestern. Doch dieser Zweifel sollte nach kurzer Anfahrt zum Hühnerrevier bald widerlegt werden. Heute hatte man uns ausschließlich Magyar Viszla zugeteilt; einen Führer mit zwei im Wuchs besonders kleinen Tieren und eine Führerin mit ihrem Rüden. Auffallend bei all den Hundeführern war, dass sie sich sehr umsichtig, engagiert und in hervorragender Weise um ihre ausgezeichnet arbeitenden Tiere kümmerten. Teilweise hatte man sogar den Eindruck, als würden wir Schützen nur die Statisten bei einer Hundesuche sein, die eben in ihrer Nebenrolle ein paar Hühner zu strecken hatten, damit die Jagdhelfer ihre „Suchenarbeit" auch mit Apportieren abrunden konnten. Aber sicher waren wir an diesem Tag die Hauptpersonen und die Hunde nur unsere unabdingbaren Helfer. Denn zweifellos ist Hühnerjagd auch Hundejagd.

Der zweite Tag begann wiederum an einem dieser zahlreichen Heckenstreifen. Wie gestern zogen wir links und rechts dieser Streifen mit zwei Schützen entlang. Die Hunde vor uns verrichteten gute Arbeit und die ersten Hühner wurden hoch. Wie gestern wurden sie häufig oder sogar zumeist unsere Beute. So ging es eine Weile ohne besondere Vorkommnisse dahin. Einmal passierte es sogar, dass ich auf vor mir aufstehende Hühner anlegte und bereits mit dem ersten Schuss zwei Vögel zu Boden fielen. Dies war sicher eine Besonderheit, die nicht alltäglich vorkommt. Da ich an diesem Tage bislang, verglichen mit meinen Mitstreitern, wohl schon die meisten Hühner erlegt hatte, wurde ich zum gerechten Ausgleich im weiteren Verlauf auf der dem Wind zugewandten Seite der Heckenstreifen als einziger Schütze platziert. In der Hoffnung und Vermutung, die Hühner würden eher auf der windgeschützten Seite zu finden sein, zogen wir weiter. Doch ausgerechnet mir war in der unmittelbaren Folge dieser Trennung das Jagdglück erneut hold. Mehrfach wurden einzelne Hühner hoch, die ich auch strecken konnte.

Auch ein alt erfahrener Schütze macht Anfängerfehler

In der Zwischenzeit war der auf meiner Seite revierende Viszla einige Male vorgestanden, ohne dass in der unmittelbaren Folge Hühner hoch geworden wären. Mit diesem Eindruck ging ich zum wiederholten Male auf den vierbeinigen Helfer zu, der erneut gegen den Wind gerichtet als wahres Standbild seinem Herrn Beute anzeigte. So richtig glaubte ich auch dieses Mal nicht an den Erfolg dieser Aktion, zumal wir uns eben auf der Windseite befanden. Ich war wohl an die zehn Meter bis an den Hund herangekommen, da purrte fast explosionsartig eine riesengroße Kette von Hühnern, es mögen an die dreißig Tiere gewesen sein, vor mir hoch.

Ich erschrak regelrecht beim Anblick dieses großen Volkes. Freilich besann ich mich rasch darauf, als Jäger und Schütze diese einmalige Gelegenheit auch nützen zu wollen. Ich suchte mir – wie gewöhnlich – eines der Hühner als Ziel aus. Aber ich hatte in meiner Aufregung Schwierigkeiten, in diesem Pulk ein einzelnes Huhn auszumachen. In Hast fuhr ich mit der Flinte hoch und führte sie dorthin, wo ein großer, diffuser, graubrauner Fleck sich anschickte, fortzufliegen. Der Schuss krachte: alle Hühner stoben davon. Ratlos, ja sogar enttäuscht schickte ich noch einen zweiten Schuss der entfliehenden Masse hinterher. Wieder ohne erkennbaren Erfolg. Beschämt öffnete ich meine Flinte und richtete meinen entschuldigenden Blick auf meinen Hundeführer. „Dass dies ausgerechnet mir passieren konnte!" genierte ich mich gedanklich vor mich hin. Angesichts dieses Malheurs dachte ich wieder an die Rebhuhnjagden von früher und gerade an die Jagdfreunde, die mit ihrer Flinte nicht besonders gut umzugehen verstanden.

Die waren, wie sie damals einräumten, beinahe immer nach dieser gerade von mir angewandten „Methode" verfahren. Allerdings hatten sie dabei wohl mehr (zufälligen) Erfolg als ich soeben. Auf alle Fälle ermahnte ich mich selbst mit einer sonst eigentlich stets befolgten Regel, nie zu schießen, ohne ein konkretes Ziel aufgenommen zu haben. Zur Vervollkommnung meiner Scham stellte man mir von da an einen meiner Jagdfreunde, der es noch eben auf der anderen Heckenseite versucht hatte, hilfreich zur Seite. Die nächsten Hühner, die mir vor die Flinte kamen, mussten meine von da an schlagartig gestiegene Konzentration und die maßlose Enttäuschung über meinen „Anfängerfehler" ausnahmslos mit ihrem Leben bezahlen.

Pause von erfolgreichem Tun mit überraschenden Klischees

Die Zeit für eine für Hunde und Helfer wohlverdiente Pause war gekommen. Wir fuhren zum Jagdhaus zurück, wo wir uns mit einer zweiten Gruppe von Jägern trafen, mit der wir unsere Brotzeit bei Smörebröd und reichlich Getränken zusammen einnahmen. Offensichtlich geht den deutschen Jägern – zumindest in Dänemark – der Ruf voraus, bei der Jagd auch ordentlich Alkohol zu vertilgen. Bier und Schnaps, aber auch Limonaden standen in großer Auswahl zur Verfügung. Die Dänen konnten es gar nicht fassen, dass wir mit unserer Gruppe bei diesem Angebot nur höchst bescheiden zulangten. Unser Ziel war es ja, jagdliche Eindrücke zu sammeln; und diese wollten wir eben bei ungetrübtem Bewusstsein in uns aufnehmen.

Hierzu hatten wir im Anschluss an die Verpflegung wieder reichlich Gelegenheit, da wir erneut mit dem Jagdwagen in das das Jagdhaus umgebende Revier gefahren wurden. Während der Fahrt erzählte unser Organisator, dass in diesem Revier ein Teil der Rebhühner alljährlich ausgesetzt würden. Damit die Hühner, die nach jedweder Störung oder auch Bejagung auseinander getrieben würden, sich immer wieder versammelten, hatte man in den Knicks kleine Volieren aufgebaut, in denen Althühner saßen, die mit Lockrufen die Ketten wieder versammeln sollten. Dort auch würden die Vögel mit zusätzlicher Nahrung (Fertigfutter) und vor allem auch mit Wasser (für mich ein völliges Novum) versorgt.

Am Nachmittag wiederholten sich die Eindrücke, die wir während der vergangenen Stunden schon mehrfach sammeln durften, in gleicher oder ähnlicher Form. Hühner waren genügend da; die Jagd auf sie war einerseits wegen der ausgezeichneten Leistung

der Hunde ein Vergnügen, andererseits wegen der klimatischen Umstände manchmal auch eine ansprechende schießsportliche Herausforderung. Je nach der Position, die wir eingenommen hatten, konnten wir Hühner in und aus allen Flugrichtungen erlegen. Abstreichend, quer reitend, schräg im Wind abkippend, rasch gegen den Wind an Höhe gewinnend, ja sogar am Stich auf uns zustreichend stellten uns die Vögel manche schwierige Aufgabe. So beendeten wir, mit einer zweiten Tagesstrecke von wiederum gut hundert Hühnern, rundum zufrieden das Unternehmen Dänemark. Auch wenn die Anfahrt und vor allem die Rückreise eine große Anstrengung erforderten, waren wir uns alle einig, im kommenden Jahr erneut über unsere Beteiligung an einer derartigen Jagd in Dänemark nachzudenken.

NEUNTES KAPITEL

Es muss nicht immer „Konopiste" sein

Jagen für die „upper class"

D er Inbegriff der königlichen Flugwildjagd ist nach Meinung zahlreicher Nimrode die Jagd auf den getriebenen Fasan, der als hoch fliegender „Turmfasan" fast ein Wunschziel eines erfolgreichen Schusses darstellt. Diesem Wunsch wird seit vielen Jahrzehnten in einem geschlossenen Zirkel der Upper Class in sogenannten „Grafenjagden" entsprochen. Zahlreiche Jagdveranstalter bieten seit Jahrzehnten erfolgreiche Jagden auf den Fasan in klassischer und auch relativ kostspieliger Form in England, Schottland und Dänemark an. Mittlerweile finden sich auch Länder wie Ungarn, Polen und auch Tschechien mit vergleichbaren Angeboten und dem viel versprechenden Verweis auf das englische Vorbild, jedoch bei wesentlich niedrigeren Preisen. Die Königsjagd ist somit für (fast) jedermann machbar und auch finanzierbar nahe. Das Wort „Konopiste" ist dabei ein Ort, der seit einigen Jahren als Qualitätsbegriff erfolgversprechender und auch bewährter Fasanenjagden für jedermann gilt. Er steht in dieser meiner Geschichte nur als Synonym für zahlreiche, allemal vergleichbare Ziele, die einige meiner Freunde bereits aufgesucht haben in der Absicht, die Königsjagd auf den Fasan zu erleben.

Königliche Jagd auf den Fasan – auch für mich

Häufig wenn der Herbst kommt, und mancher Jäger seine Planungen für die bevorstehende Jagdsaison vornimmt, wurde und werde ich öfters von Freunden und Bekannten gefragt, ob ich denn nicht an einer dieser Königs-Jagden auf Fasanen teilnehmen wolle. Meine Antwort lautete stets: „Konopiste hatte und habe ich auch heute noch zu Hause in Niederbayern, obwohl die Jagdstrecken allerseits und auch hierzulande unstreitig abgenommen haben." Da ich bei dieser Aussage häufig ungläubiges Kopfschütteln ernte, will ich in der folgenden Geschichte meine niederbayerischen Erfahrungen und Erlebnisse bei der Jagd auf den Fasan darstellen.

Früher kam eine Postkarte ins Haus geflattert, heute erfolgt ein Telefonanruf: Treibjagd in …, einem kleinen Dorf im Rottal, am Samstag, den …, Beginn 8 Uhr. Auf diesen Termin im November habe ich bereits sehnsüchtig gewartet und auch stets darauf geachtet, nicht wegen eines anderen Vorhabens oder gar einer Verpflichtung blockiert zu sein. Am Zielort angekommen wird zunächst die versammelte Jägerschaft, die sich in ihrer Zusammensetzung von etwa vierzig Schützen in den letzten Jahren kaum geändert hat, von einem der Jagdherren, in den letzten Jahren war dies der Bürgermeister eines bekannten Bäderortes, willkommen geheißen. Auch die Treiber haben sich in einer erfreulichen Zahl eingefunden und werden als wohl wichtigste Helfer einer „Treibjagd" in die Begrüßung mit eingeschlossen. Alljährlich auch ertönen danach zur musikalischen Einstimmung auf den Tag Hörnerklänge, die von einem Balkon von nebenan herüberschallen.

Die Jagd beginnt

Zum ersten Trieb geht es hinüber an die Rott, einen kleinen Fluss, dessen Auen mit ihrem dichten Bestand an Schilf und Unterwuchs ein Eldorado für Fasanen sind. Bereits beim Herangehen an die Auenwäldchen sieht man den einen oder anderen Fasanenvogel von Wäldchen zu Wäldchen flüchten. Aber dies ist für die sich nähernde Jägerschaft kein Grund zur Beunruhigung. Das erste Treiben, ein Pappelwaldstreifen mit Schilfunterbau entlang eines Altwassers, wird umstellt. Die Treiber nehmen ihre Klopfarbeit auf. Gemächlich ziehen sie, stets kontrolliert vom Obertreiber, vorwärts. Bereits nach ein paar Schritten werden die ersten Hennen hoch und stürzen in einem Pulk über die wartende Jägerschaft hinweg in die angrenzenden Wälder. Die ersten Gockel folgen mit lautem „Gockgockgock". Sie werden zur sicheren Beute der relativ nahe am Geschehen angestellten Jäger. Das Treiben geht weiter mit ähnlicher Folge. Zahlreiche Hähne finden ihr Ende bei einem der Schützen; kaum einer entkommt der hermetisch abgeriegelten Szene. Schließlich ertönt das Signal des Anstellers: der Auftakt der Jagd ist zu Ende. Die Jäger sammeln sich und legen ihre erste Beute des Tages zur Strecke. In der Regel liegt die Zahl der hier erbeuteten Fasanen bei zwanzig bis dreißig Vögeln.

Große Aufregung im Treiben

Erneutes Ausgehen und Anstellen. Die vor uns liegenden Auenstreifen sind relativ gut überschaubar; die Treiber können den nicht zu dichten Bewuchs gut durchkämmen. Kaum ein Tier kann sich dauerhaft verbergen. Oft hört man gerade hier plötzlich aufgeregtes Rufen ja sogar Schreien der Treiber, das sich bei genauem Hinhören als „Fuchs, Fuchs" identifizieren lässt. Wo sich viele Fasanen aufhalten, ist eben auch für Füchse ein „Garten Eden" vorzufinden. Die Aufregung aller Teilnehmer steigt schlagartig enorm an. Jeder lauert auf seine Chance. Endlich erfolgt dann der die Spannung auflösende Schuss und jeder der Beteiligten geht davon aus, dass der Fuchs normalerweise seinen „Meister" gefunden hat. Die danach aufstehenden Fasanenhähne sind in diesem Moment nur noch schmückendes Beiwerk.

Jeder Teilnehmer wartet sehnsüchtig auf das Signal zum Beenden des Treibens, um am Sammelpunkt den gestreckten Räuber bewundern zu können. Neugierig nähert man sich dem Punkt, da die Strecke liegt. „Ist der Fuchs gefallen?" Diese Frage hört man beim Herangehen mehrfach. Je nach dem, was passiert ist: Manchmal heißt es: „Der Fuchs liegt, Weidmannsheil!" Oder manchmal auch: „Der hat sich nach hinten verflüchtet und ist entkommen", schade! Manchmal heißt es aber auch: „Leider hat ihn der... (Namen sind Nebensache) gefehlt"; „ausgerechnet bei ihm, einem bekannt unsicheren Kantonisten sollte das schlaue Tier die Kette der Schützen durchbrechen", denkt so mancher der herumstehenden Jäger. Aber ein Fuchs vermag, ob getroffen oder auch nicht, stets für besonders angeregte Unterhaltung, sogar Aufregung zu sorgen. Schließlich wird der gestreckte „Feind des Niederwildes" quasi zur Abschreckung für seine Artgenossen auf dem Wildwagen schon von weitem sichtbar drapiert, der Schütze vom Jagdherrn mit einem Bruch geehrt.

Anspruchsvolle Schüsse werden erwartet

Aber nun zurück zu unseren Fasanen: Die nächsten Treiben finden ebenso entlang der Rott in den sich dort seitwärts schlängelnden

Auen statt. Jeder der teilnehmenden Jäger hat mehrfach genügend Gelegenheit, seine Schießfertigkeit unter Beweis zu stellen. Viele der Fasanen kommen bereits in größerer Flughöhe oder auch Entfernung, da oftmals der Abstand vom Schützen zum Treiben durch den dazwischen liegenden Flusslauf vergrößert wird. Für mich als Stammgast stehen viele der Plätze, die ich einnehmen darf, bereits fest. Da ich gerne auf schnellere oder auch höhere Vögel anlege, weist man mir, meinem Wunsch und auch der Erwartung der Jagdgesellschaft entsprechend, häufig derartige Plätze zu. Manchmal stehe ich auch zur Absicherung etwas hinter der Schützenkette, wenn zu vermuten ist, dass diese aus einem Pulk von Fasanenhähnen einige unbehelligt oder auch erfolglos beschossen fliegen lässt.

Auch dort habe ich durchaus meine helle Freude an hervorragenden Schussmöglichkeiten. Gerne lasse ich mich quasi zum gerechten Ausgleich in den nächsten Treiben, da weniger Fasanen vorkommen, auch mal „hinten" an der Rückseite des umzingelten Gebietes anstellen. Gegen Mittag sind die Flussauen des Reviers zur Gänze durchstreift; auf der Strecke liegen bis zu diesem Zeitpunkt, da das Kesseltreiben stattfindet, etwa hundert Stück Wild. Ein erfolgreich agierender Grünrock kann bis zu diesem Zeitpunkt gut und gerne zwanzig Vögel und auch mehr erlegt haben.

Der Trieb mit dem Standardmenü „Leberkäse" und als Nachspeise „Rottaler Schmalzgebäck" vermag so manchem allmählich erlahmenden Weidmannsgeist wieder auf die Beine zu helfen. Der Nachmittag führt die Jäger und Treiberschaft in das angrenzende Hügelland, wo die Tour nun bergauf und wieder bergab geht. Da die Bergseite und die Talseite von den beiden Schützengruppen durchgewechselt werden, hat beinahe jeder Teilnehmer im Laufe des Nachmittages mehrmals Gelegenheit, auf der Bergeshöhe auf Hasen anzulegen und tief drunten im Tale auf hoch schwimmende Fasanen sein Glück zu versuchen. Natürlich verlangt es das Geschick des Anstellers, den richtigen Schützen auf den richtigen Platz zu postieren. Schließlich liegt es im Interesse des Jagdveranstalters, eine möglichst gute Strecke ohne viel Verlust durch krank geschossenes Wild zu erzielen. Deshalb bekommen die erfahrenen Schützen ihre Aufgaben zugeteilt. Das Ergebnis dieser Aufgabenverteilung ist, dass ich häufig gerade am Nachmittag wunderschöne Schüsse auf hoch heranstürzende Fasanen, im Fachjargon

„schwimmend" genannt, ausführen darf, und dass meine persönliche Strecke hierbei häufig zwanzig Vögel übersteigt.

Ein Vergleich Niederbayern – „Konopiste"

Bei dieser Art von Jagdausübung stelle ich den Vergleich mit „Konopiste" durchaus gerne her. Dort ist das Ergebnis der Jagd garantiert hoch. Bei uns in der Heimat schwankt es sicher von Jahr zu Jahr, aber mit relativ stabiler Basis. Dort sind „gut fliegende" Fasanen gewährleistet, bei uns hängt dies zweifellos von der Topologie des Reviers und auch den Chancen ab, die einem durch den Ansteller eingeräumt werden. Dort schießt man aus „allen Rohren" auf jedwede Entfernung. Alles nur eine Frage der angestrebten Streckengröße und folglich der Finanzen. Jedenfalls auf weit entferntes Wild einen Schuss abzugeben, bedingt eigentlich ein gewisses Verantwortungsgefühl des Schützen. In Konopiste wird von der Majorität der Schützen jeder Vogel in jedweder Entfernung, da er möglicherweise noch irgendwie zu strecken ist, beschossen. Ein Treffer wird dann eben mit Freuden zur Kenntnis genommen und als „zu bezahlen" registriert. Ein Fehltreffer wird nur als „Versuch" abgetan, ohne irgendeine moralische Kategorie zu berühren.

Anders dagegen bei unseren Treibjagden, da der Jäger mit seiner Anstellung an einem bestimmten Platz einerseits das Vertrauen des Jagdherren genießt und andererseits damit auch eine gewisse Aufgabe, ja sogar Verantwortung übernimmt. Nicht mehr jeder Versuch zu treffen aus jeder Distanz, mit zufälligem Ausgang ist die Parole, sondern vielmehr ein in Verpflichtung gegenüber der Kreatur aber auch der Jagdgesellschaft abgegebener Schuss, der fallweise, bei entsprechender Schießfertigkeit, auch in ansprechender Entfernung zum Wild erfolgreich sein kann. Dies zu ergründen und in Erfahrung zu bringen ist eine wesentliche Herausforderung unserer heimischen Jagden. Die Freude an einem so erfolgreich erzielten Treffer befällt einen stets aufs Neue. Gleiches gilt im Übrigen auch, wenn einer der Standnachbarn einen Vogel aus enormer Höhe herabholt. Bewunderung und Anerkennung über dessen Kunst mit der Flinte umzugehen ist stets die Folge. Ich kann mir nicht vorstellen, dass meine Freude über ein Jagdergebnis wegen der in „Konopiste" zumeist höheren Zahl an gestreckten Vögeln noch vergrößert werden könnte. So ist es für mich kaum denkbar, dass meine persönliche Begeisterung und Zufriedenheit über gelungene, und von den benachbarten Schützen oft beachtete Schüsse mit dem Ausmaß der erzielten Strecke beeinflusst wird. Hier ist sicher nur die Qualität der Schüsse in Kombination mit einer hervorragend organisierten Jagdveranstaltung entscheidend. Und diese finde ich und auch viele andere Jagdteilnehmer bei den Rottaler Jagden in völlig ausreichender Form vor.

Zufriedene Gesichter verraten den erfolgreichen Verlauf

Gegen Abend, wenn sich dann die letzten Triebe wieder zurück in Richtung Flussaue ankündigen, sieht man auch auf unserer „Bauernjagd im Rottal" allenthalben nur zufriedene Gesichter. Ein Wildwagen, gefüllt mit annähernd oder manchmal auch mehr als zweihundert Stück Wildkörpern, begleitet uns zum Ende des Tages. Jetzt wird auf der Dorfwiese Strecke gelegt. Unter Fackelschein verkündet der Jagdherr stolz das Ergebnis, ohne auch heuer wieder irgendeinen Jagdunfall beklagen zu müssen. Schussdisziplin war auch heute ein lobenswertes hohes Gebot der Jägerschaft. Die Bläser haben nun die Aufgabe, ihre Signale für jede gestreckte Wildart in den Abendhimmel zu senden und schlussendlich mit einem Halali das letzte Ende der Jagd zu verkünden. Die Zusammenkunft der Jägerschar im zentralen Dorfwirtshaus gehört bei dieser Jagdveranstaltung auch noch zu einem ungeschriebenen Muss. Es ist kaum vorstellbar, dass einer der Beteiligten diesem letzten Akt der Kommunikation fernbleibt. Sicher auch ein Zeichen der Zufriedenheit und letztendlich Dankbarkeit über den vergangenen Tag.

Zweites Ziel im Rottal

Über ein zweites „Konopiste" in meiner Heimat des Rottales vermag ich ebenso zu berichten: War die Jagd in dem eben erwähnten Ort der erste Termin, auf den ich so richtig gewartet hatte, so reiht sich in nicht allzu großer zeitlicher Distanz ein zweiter Stichtag des unmittelbar benachbarten Reviers, Rott abwärts, an. Auch dort wird die bäuerliche Treibjagd richtig gepflegt. Bei der morgendlichen Begrüßung durch den Jagdherrn werden neben den üblichen Bekanntmachungen auch die Organisatoren vorgestellt. Der jeweilige Ansteller, der zumeist von Jahr zu Jahr wechselt, beeinflusst sicherlich die von den Jägern selbst gewählte Zuordnung zu zwei Gruppen. Für die Wahl der Seite ist wohl die vermutete Einräumung von Chancen auf gute Plätze entscheidend. Auch ich wähle stets die Seite, bei der ich um die altbewährten Entscheidungen des Anstellers zu wissen denke.

Ein Fußmarsch kürzerer Dauer ist auch hier zu Tagesbeginn notwendig. Dabei ist genügend Gelegenheit geboten, sich mit den seit langem nicht mehr gesehenen Jagdfreunden über die Höhen und Tiefen des vergangenen Jahres zu unterhalten. Endlich ist der erste Jagdgrund erreicht. Jäger und Treiber verteilen sich auf ihre Plätze und das Treiben beginnt. Gleich am Morgen geht es richtig los. Bereits im ersten Treiben kommt zumeist eine recht bunte Strecke zustande: vom Eichelhäher über Elstern hin bis zu Fasanen und Hasen so ziemlich alles, was eine Treibjagd in Niederbayern zu bieten hat. Die Jagd geht weiter bergaufwärts zu einem kleineren Wäldchen, in dem regelmäßig eine Vielzahl von Fasanen erwartet wird.

Jedoch in den letzten Jahren musste ich erfahren, dass gerade dort die Nachzucht nicht wie üblich gelingen wollte. Sei es, dass die Rabenkrähen die Nester der Hennen mehrfach ausraubten oder der Fuchs besonders erfolgreich den Vögeln nachstellen konnte. Nun gut, auch das gehört zur Jagd, dass eben nicht alles wie in einem Drehbuch ablaufen kann. Doch kommt man mit einer in der Zusammensetzung langjährig kaum geänderten Jägerschaft an derartigen Stellen im Revier zusammen, wo sich das Vorkommen von Wild schlagartig geändert hat, kann man mit Sicherheit die eine oder andere Geschichte vergangener, erfolgreicherer Zeiten vernehmen.

Noch einmal gut gegangen

So geht es eben zum nächsten Treiben, wo auch heuer wieder viele Fasanen in mehreren Hecken, die parallel zueinander entlang eines Abhanges verlaufen, ihr Versteck suchen. Am Ende des Treibens werden in relativer Nähe zur Deckung die Schützen aufgestellt, die gerne aus geringerer Entfernung einen Aufstehgockel am Weiterfliegen hindern. Danach, in gebührendem Abstand bergabwärts, finden die Jäger einen Platz, die bereitwillig mit Vorliebe aus größerer Distanz auf Jagd gehen wollen. Auch ich bin stets bei dieser Gruppe dabei. Eine Begebenheit an diesem Platz, die sich erst im letzten Jahr zugetragen hat, wird mir lange in Erinnerung bleiben: An jenem Tage strahlte bereits am Morgen herrlicher Sonnenschein vom Himmel. Wenn ich in Richtung Treiben schaute, schien mir die noch morgendlich sehr schräg stehende Sonne in das Gesicht.

Die Treiber begannen ihre Aufgabe mit gemäßigtem Krach, schrien indes bei manchem sich erhebenden Vogel, egal ob es sich um Hahn oder Henne handelte, „Gickerl, Gickerl". Dieses Rufen sollte die Schützen veranlassen, im Vertrauen auf die Treiberwehr unvorsichtig die eine oder andere Henne, die zwar in hoher Zahl vorhanden, dennoch nicht zur Jagd frei gegeben ist, zu strecken. Der „Täter" wurde dann genau ausgemacht und hatte für sein Vergehen die Getränkekasse oder einfach nur die Kasse der Treiber mit einem Bußgeld zu füllen. Dasselbe Sühnegeld wurde aber auch fällig, wenn ein Schütze dabei ertappt wurde, dass er einen ihn überfliegenden Fasan überhaupt nicht beschoss.

In diesem Jahr, da die Sonne für mich sehr ungünstig stand, belustigte ich mich zunächst über die provozierenden Rufe der Treiber, da ich von diesen noch weiter entfernt war und deren Finte gut erkennen konnte. Bereits ein paar Hennen waren, für mich gut sichtbar, bereits Opfer dieser Irritation geworden. Die Treiber kamen näher und schon stürzten einige Fasanen, die ich nur mehr mit erheblicher Mühe und ganz genauem Hinsehen ansprechen konnte, auf mich zu. Es waren mehrere Hennen, die ich natürlich pardonierte. Als die Treiber noch ein paar Schritte weiter gegangen waren, wurden erneut in einem Pulk mehrere Vögel hoch, mindestens einer davon mit metallischem „gockgockgock", wie es für Hahnen üblich ist. Ausgerechnet voll im Gegenlicht kamen sie alle in meine Richtung.

Jetzt half nur noch, den Vogel mit dem vermutlich längsten Stoß herauszusuchen und auf diesen anzulegen. Ich zog gut mit, zog vor und ließ krachen. Fast senkrecht über mir klappte das Tier getroffen zusammen und stürzte vom Himmel. Im Moment unmittelbar nach Abgabe des Schusses quälte mich ein spontaner Gedanke: „Verflucht, jetzt hast du doch eine Henne erwischt!" Meine Bedenken kamen weniger wegen des Strafsoldes auf, sondern vielmehr wegen des Grolls des Jagdherrn. Niemand will wirklich gegen die am Morgen ausgegebene Order, Hennen zu pardonieren, mutwillig verstoßen. Eine nachträgliche Rechtfertigung für einen abgegebenen „Fehlschuss" wegen blendender Sonne vermag auch nicht so recht zu befriedigen. So blieb ich mit meinem erheblichen Zweifel für ein paar Sekunden allein. Ein schlechtes Gewissen machte sich auch sogleich breit. Aber nun, da Sekunden später der Vogel aus dem blendenden Gegenlicht herausgestürzt war, sah ich einen dunkel glänzenden Körper zu Boden stürzen. Die Ungewissheit schlug schlagartig in Freude um. Was war ich froh, dass ich die Jagdordnung dennoch befolgt hatte.

Bunte Strecke

Die Jagd wird an einem weiteren, stark mit Wild besetzten Laub-wäldchen fortgesetzt. Auch Kaninchen kommen hier zur Strecke, wenn sie nicht den lauernden Schützen per Zickzackflucht oder auch durch Entrinnen in eine Schutz bietende Erdröhre entkommen können. Freilich weiterhin sind Fasanen das dominierende Jagdobjekt, das eben mit anderem jagdbaren Wild, manchmal auch „einem Schnepf", ergänzt wird. Auch in dieser Jagd kommen häufig Füchse zur Strecke; der Erleger wird am Abend bei von ihm gesponserten Freibier gebührend gefeiert.

Das nächste Treiben beinhaltet eine weitläufige Dickung, die von dichten Fichten bestanden ist und mit noch dichterem Dorngestrüpp durchsetzt ist. Der Urwaldcharakter dieser ehemals kurz bewachsenen Lichtung hat von Jahr zu Jahr zugenommen. Kamen hier vor einigen Jahren noch zahlreiche Fasanen zur Strecke, sind mittlerweile die Treiber dafür zu bewundern, dass sie überhaupt noch durch dieses Dickicht hindurch kommen. Die für die aufgebrachte Mühe erzielte Strecke wird von Jahr zu Jahr kleiner. Aber an ein Aufgeben ist wohl noch nicht gedacht. Die danach folgenden Treiben bieten den Treibern wieder einfachere Aufgaben, den Schützen ertragreicheres Vorgehen. Allmählich nähert sich die Jagdgesellschaft den Rottauen, an deren Ausgangspunkt Mittag gemacht wird. Das Zwischenergebnis der Jagdstrecke liegt hier zumeist bei etwa siebzig Stück. Die kurze Mittagspause dient zur leiblichen Stärkung von Jägern und Treibern. Nicht zu vergessen die Hunde, die ihre Notwendigkeit bei der einen oder anderen erfolgreichen Nachsuche unter Beweis stellen konnten.

Ein Stand für Reaktionsschnelle

Der zweite Teil des Jagdtages wird hier, in diesem Jagdgebiet, entlang der Rott durchgeführt. Gleich das erste Treiben ist ein relativ ausgedehntes, von Weiden und Pappeln bestandenes, mit einem dichten Teppich von Brennesseln bedecktes Ufergebiet, das auf der einen Seite vom schlängelnden Lauf des Flusses begrenzt wird. Die Besonderheit dieses Treibens liegt darin, dass es wegen seiner Größe und Undurchdringlichkeit sehr schwer zu bejagen ist. Die Fasanen, die zu Beginn des Treibens hoch gemacht werden, suchen regelmäßig auf ihrer Flucht vor der Treiberwehr erneut Unterschlupf im selben Treiben. Deshalb werden auf einer Schneise, die mitten durch das Treiben hin zur Rott führt, alljährlich zwei Schützen angestellt. Auch ich gehöre meistens zu den für diese Aufgabe Auserwählten.

Hier, da die Sicht nur eine Schneisenbreite weit reicht, heißt es, gut aufzupassen und die überfliegenden Fasanen rasch zu erfassen und, wenn möglich, zu strecken. Natürlich gehört bei dieser speziellen Aufgabe, da die erlegten Vögel ausnahmslos in dichten Unterwuchs fallen, ein guter Hund dazu. Den steuert immer der mir benachbarte Schütze bei. So gelingt es zumeist, an diesem Stand eine ordentliche Strecke von einigen Hahnen zu erzielen. Für hier von Fall zu Fall irrtümlicher Weise erlegte Hennen besteht natürlich eine Generalamnestie der Jagdherren. Jedenfalls ist dieser Stand zwischen den etwa fünf Meter hohen Weiden ein Platz, der stets eine neue Herausforderung bietet und im Erfolgsfalle höchste Freude und Zufriedenheit mit der eigenen Reaktion und Schießleistung. Ob Konopiste etwas Vergleichbares zu bieten hat?

Schlussgedanke

Der Rest des Nachmittages bietet, da ähnlich wie bei der zuerst beschriebenen Jagd der Rott entlang gejagt wird, noch mehrfach Gelegenheit, hoch und auch entfernt fliegende Fasanen mit einem anspruchsvollen Schuss niederzustrecken. Des Tages Gesamtergebnis lag in den letzten Jahren bei etwa 150 Stück erlegtem Wild. Die gesamte teilnehmende Jägerschaft kommt immer wieder und gerne in diese Gegend, da auch heute noch (oder besser gesagt: wieder) hervorragende Fasanenjagden vorzufinden sind, die für mich persönlich ein Konopiste völlig überflüssig machen. Dabei ist zu bedenken, dass man bei den gegen Bezahlung auszuübenden Fasanenjagden beinahe ausschließlich auf Wild schießt, das zu diesem Zweck gezüchtet wurde. Meine beschriebenen Alternativen bieten dagegen dem Jäger die Gewissheit, echtes und wahres Weidwerk betrieben zu haben. Den schlüssigen Nachweis hierfür denke ich, mit der Betrachtung der beiden Rottaler Jagden erbracht zu haben.

Gänsejagd – auch in deutschen Landen möglich

Nach einer Reihe von jagdlich ergebnislosen Versuchen, auch in unserer Heimat den Martinsvögeln nachzustellen, wurde ich erneut auf dieses Thema infolge einer Anzeige in einer Jagdzeitung aufmerksam. Meine Neugierde war geweckt. In Sachsen-Anhalt wurde eine insgesamt optimistisch stimmende Jagdmöglichkeit angeboten. Gleich zum Anfang der Jagdsaison auf die Gänsevögel sollte mein vereinbarter Termin stattfinden. Da das Jagen in der Gruppe wesentlich mehr Anregungen und auch Abwechslung bietet, kurz gesagt einfach mehr Spaß macht, heuerte ich zu diesem Unterfangen zwei Bekannte an, mich in die „Altmark" zu begleiten. Rasch hatte ich deren Begeisterung und Appetit angeregt, so dass wir gemeinsam Anfang November Richtung Norddeutschland aufbrachen.

122

Eigenartige Erkenntnisse

Nach unserer Ankunft vor Ort nahmen wir in einem alten, altmärkischen Bauernhof, der in einem Teil seines Bestandes hervorragend zu einer Pension ausgebaut war, Quartier. Für den Nachmittag hatten wir uns mit Eckhard, dem dortigen Jagdpächter, verabredet. Zur Vorbereitung der bevorstehenden, abendlichen Ouvertüre stimmte dieser uns entsprechend ein und gab uns auch seine Erkenntnisse bezüglich der Jagd auf diese höchst beachtete und äußerst interessante Vogelart weiter. Bezüglich der bevorzugten Schrotgröße waren wir alle erstaunt, dass angeblich viele Jäger rund um den Arendsee speziell auf die Gänse ein sehr grobes Korn (4 mm und noch mehr) einsetzen würden. Da kamen wir uns mit den mitgeführten 2,9–3,2-mm- bis höchstens 3,5-mm-Schroten allerdings recht bescheiden vor. Gleichwohl hat jeder seine Erfahrung, deren Inhalt er im Erfolgsfalle gerne zur allgemeinen Regel erklärt. Nach all dem theoretischen Vorgeplänkel schritten wir zur Praxis und fuhren in das Revier, um uns dort etwas umzusehen und schließlich den ersten Abendstrich zu erwarten.

In einer an den Arendsee angrenzenden, weiträumigen Ebene (norddeutsche Tiefebene), die überwiegend mit Weideland und auch Feldern besetzt ist, reicht der Blick des Beobachters auf einen Horizont, der sich in sehr sehr weiter Ferne verliert. Einzelne Baumgruppen von Kopfweiden und Pappelalleen lockern das Landschaftsbild etwas auf. Auch ein größerer, zusammenhängender Mischwald ist als Einstand für Damwild und Schwarzwild, teilweise als Standwild, vorzufinden. Einzelne, kleinere Hecken und Buschreihen säumen hier und da die riesigen Felder. Von Eckhard erfuhren wir, dass die Gänse, die hier als Zugvögel einen Teil des Winters verbringen, dieses Jahr in einer übergroßen Zahl seit bereits vierzehn Tagen in dieser Gegend beobachtet würden. Schon bei der Anfahrt hatten wir einige Züge am Himmel gesehen; aber auch in den Feldern, wo Rüben geerntet oder auch die Saat frisch aufgegangen war, konnte man reichlich Gänse ausmachen.

Eckhard erzählte uns auch davon, dass die Gänse hier in der Region erheblichen Schaden in der Landwirtschaft anrichteten, und dass die mittlerweile zumeist als Genossenschaft organisierten Landwirtschaftsbetriebe auch Forderungen nach der Behebung von Wildschäden stellen würden. Wichtig sei, nach Meinung der Landwirte, dass auch die Jagdpächter ihre Absicht zeigten, die Äsungsschäden der Martinsvögel durch intensive Bejagung möglichst gering zu halten. Wir waren folglich als Jäger herzlich willkommen. Wir, damit meine ich Heinz, den „Meisterschützen" (von nun an „Heinz I." genannt) und Heinz, den „Hundefreund" und meine Wenigkeit. Voller Erwartung und sogar leichter Aufregung suchten wir zum Aufbruch der Jagd die Stelle auf, wo Eckhard meinte, dass uns das Jagdglück am ehesten hold sein könnte. Wir verteilten uns entlang eines Weges, der beiderseits von hohen Laubbäumen gesäumt ist. Hier hatten wir einerseits eine gute Deckung und konnten andererseits die heranziehenden Langhälse auch gut beobachten.

Der Beginn dreier Jagdtage

Es dauerte gar nicht lange, da näherten sich auch schon die ersten Gänse in Richtung See heimwärts. Dort konnten sie auf der riesigen Wasserfläche ihre Nacht ungestört verbringen. Weitere Flüge folgten in raschen Abständen; alle jedoch waren für unsere Flinten noch unerreichbar. Aber plötzlich, ich hätte sie beinahe übersehen, überflogen mich zwei Gänse ohne das sonst übliche Rufen. Ich backte an und versuchte mein Glück. Die Vögel zogen, ohne irgend ein Zeichen zu geben, unbeirrt weiter auf ihrem Wege. Meine sofort abgegebene Erklärung für die Fehlschüsse war die viel zu große Distanz. Bald sah ich wiederum einen Flug über mir am Himmel, bei dem ich erneut meinte, eventuell in erreichbarer Entfernung agieren zu können. Aber das Ergebnis belehrte mich wiederum eines Besseren. Auch meine Freunde hatten in der Zwischenzeit mehrfach ihr Glück versucht; allerdings ebenso ohne ein für mich erkennbares Resultat. Nach einer kurzen Weile der Beruhigung setzte ein immer lauter werdendes, vieltöniges Geschrei heranziehender Gänsetruppen ein.

Der gesamte Himmel vor uns, der vom zarten Rot der untergehenden Sonne gefärbt war, war mit zahlreichen Bändern von Gänsezügen besetzt. In einer Schneise von vielleicht zwei Kilometern Breite zogen die Vögel heran. Die meisten waren sehr sehr hoch, ein paar wenige flogen etwas tiefer. Gerade diesen Tieren galt meine volle Aufmerksamkeit, denn nur dort konnte einem das Jagdglück hold sein. Ausgerechnet diese in geringerer Entfernung „heimwärts" streichenden Vögel hatten jedoch leider einen Weg gewählt, der weder an mir noch an meinen lauernden Freunden vorbei führte. In Ermangelung einer besseren Alternative verließen wir den „Pfad der Tugend" und versuchten, eben einen Treffer auf die weiter entfernten Tiere zu erzielen; aber wiederum ohne Fortune.

Es dauerte nicht mehr lange, da ich, wieder in einer ähnlichen Situation wie eben beschrieben, erneut auf eine sehr hoch fliegende Gans anlegte. Aber dieses Mal zeichnete das Tier deutlich und stürzte getroffen schräg vor mir auf das Saatfeld. Der Vogel lebte noch und versuchte – geflügelt – sein Heil in der Flucht „zu Ruder". Allerdings erkannte ich diese missliche Situation sofort, rannte vielleicht hundert Meter in Richtung der Gans und befreite sie von weiterem Leid mittels eines Fangschusses. Mit Stolz nahm ich meine erste in unserer Heimat geschossene Gans als Beute an mich. Ich trug eine ausgewachsene Graugans mit ordentlichem Gewicht von ein paar Kilo zurück zu meinem Ansitz.

Die nächsten Minuten brauchte ich, um mich einerseits von meinem Spurt nach dem fliehenden Tier körperlich zu erholen und andererseits, um seelisch mein Jagdglück richtig fassen zu können. Vorbeiziehende Gänse, die sowieso zu hoch waren, fanden in diesen Minuten keinerlei Beachtung. Ein kleiner Traum sollte erst zu Ende geträumt werden. Allerdings holten mich die zu diesem Zeitpunkt häufig krachenden Schüsse meiner Mitstreiter rasch wieder zur Wirklichkeit zurück. So versuchte auch ich noch einige Male, den Erfolg von eben zu wiederholen. Aber leider ohne erkennbares Ergebnis. Inzwischen legte sich die Dunkelheit immer mehr mit ihrem schützenden Gewand über die Landschaft.

Die immer noch fast pausenlos ziehenden Gänse konnten wohl ausnahmslos akustisch sehr gut, optisch jedoch nur noch vereinzelt als Silhouette wahrgenommen werden. „Jagd vorbei!" Es war Zeit für den Aufbruch zurück zum Treffpunkt. Dort erwarteten uns bereits Eckhard und dessen Frau, die wohl angelockt vom häufigen Krachen unserer Flinten an unserem Erfolg teilhaben wollte. Allerdings war ich der einzige, der etwas Vorzeigbares mitbringen konnte. Das erste „Weidmannsheil" wurde mit einem standesgemäßen Markengetränk, aus Kräutern zusammengebraut, begossen. Als wir uns so über die eben gemachten Erfahrungen und Erlebnisse austauschten, machte unser Heinz I. einen besonders traurigen Eindruck. Er meinte, er hätte wohl auch zwei Gänse erfolgreich beschossen; diese seien allerdings in den hinter ihm liegenden Wald gefallen. Weder er noch der Hund des Jagdpächters hätten bei der durchgeführten Nachsuche die Vögel gefunden. So schloss er, müsse man bedauernswerterweise die Gänse eben als verloren dem Fuchs oder auch den Sauen überlassen.

Die Stunde des Französisch-Kurzhaar

Jetzt kam die Stunde unseres dritten Begleiters, Heinz des Hundefreundes. Er hatte zur Jagd in die Altmark einen seiner französischen Jagdhelfer, eine wunderschöne Hündin der Rasse Französisch-Kurzhaar (Braque Francais) mitgebracht. Mit diesem Hund begaben sich die zwei Jäger noch einmal in die Richtung, da die niedergegangenen Gänse vermutet wurden. Es dauerte gar nicht lange und der zur Nachsuche ausgeschickte Hund kam mit einer Gans im Fang zurück. Die Freude über das erfolgreiche und gleichwohl überraschende Ergebnis der Nachsuche durch den vierbeinigen Helfer stand beiden Freunden ins Gesicht geschrieben. Heinz I. hielt somit hoch erfreut und mit Stolz im Gesicht seine erste Lebensgans in Händen.

Aber es sollte noch besser kommen: Von der erfolgreichen Arbeit seines Hundes angespornt schickte Heinz seinen Helfer ein zweites Mal in den Wald. Er meinte, vielleicht hätten wir ganz großes Glück, und der Hund könnte auch noch die zweite vermisste Gans finden. Es vergingen ein paar Minuten, da man sich noch über die erfolgte Nachsuche und deren überraschendes Ergebnis angeregt unterhielt. Plötzlich durchbrach anhaltendes Bellen des Helfers die Stille des Waldes. Wir alle waren uns sicher: „Standlaut". Beide Freunde eilten spontan in die Richtung, da sie den Laut gebenden Hund vermuteten. Nach einigen Schritten der Hast und Eile standen sie vor dem Helfer, der im Schein der Taschenlampe eine sich mit Zischen vor dem Zugriff verteidigende Gans verbellte. Der Rest des Greifens und Abnickens der Beute war rasch erledigt und Heinz konnte dem Heinz I. seine zweite Gans mit Freude und „Nochmals Weidmanns-heil" überreichen. Nun hatte der deprimierend begonnene Abend für Heinz I. doch noch eine völlig unerwartete Wendung genommen. Durch die ausgezeichnete Arbeit des mitgeführten Jagdhelfers war für den Rest des Abends für reichlich Gesprächsstoff und auch „Frei-bier" gesorgt. Dieser Abend war für uns alle ein „Feierabend".

Der nächste Tag

Am nächsten Morgen begaben wir uns noch zu nächtlicher Stunde an die Allee, wo wir am Vorabend jagten, da wir dort in Absprache mit Eckhard erneut einen guten Strich vermuteten. So warteten wir im Grau des nahenden Tages auf die Ereignisse, die da kommen sollten. Ein paar Gänse waren hier und da vereinzelt am noch düsteren Morgenhimmel zu erkennen. Sonst herrschte noch große Ruhe überall. Es dauerte einige Zeit bis man im Hintergrund des Sees die ersten größeren Bewegungen am Horizont erkennen konnte. Die ersten Gänse machten sich wohl auf den Weg zu ihren Futterplätzen. Ein breites Band der Vögel bewegte sich in unsere Richtung. Auch das mittlerweile bestens bekannte Geschrei wurde immer deutlicher und lauter. Die Vögel zogen in etlichen Flügen direkt auf uns zu oder an uns vorbei. Die Spannung nahm zu.

Gedanken und Hoffnungen, das bevorstehende Ereignis der Begegnung Jäger – Gans antizipierend, stürzten durch meinen Kopf. Ich dachte an Ungarn und meine dort erlebten Tage bei der Jagd auf die Wildgans und auch daran, dass dies hier und heute schon wieder ganz anders war. Die ersten Langhälse kamen deutlich erkennbar auf mich zu. Ich machte mich zum Schuss bereit. Aber wenn sie auch in vermutlich passabler Höhe näher kamen; kurz vor der Allee steilten sie alle erheblich in die Höhe, so dass jeglicher abgegebene Schuss nur noch mit dem „Prinzip Hoffnung" verbunden sein konnte. Einige Male „hoffte" ich an diesem Morgen, aber immer ohne sichtbares Ergebnis. Nur einmal ging eine Gans, nachdem sie im Schuss deutlich gezeichnet hatte, in weiterer Ferne zu Boden. Eine aufgenommene Nachsuche blieb ergebnislos, da wir den Ort, da die Gans nieder gegangen sein musste, nicht genau ausmachen konnten.

Heinz I. hatte neben mir eine Gans aus großer Höhe gestreckt und hatte sie, für mich gut sichtbar, auch zu sich herbeigeholt. Auch Heinz konnte an diesem Morgen seinen ersten Martinsvogel mit einem gekonnten Schuss erbeuten. Tödlich getroffen stürzte das Tier ganz in seiner Nähe zu Boden, wo es regungslos liegen blieb. Zu bemerken war an diesem Morgen, dass wir alle zu Schuss gekommen waren, jedoch dass die allzu zahlreichen Gänse in sehr großer Höhe über uns hinweggezogen waren. So begab ich mich mit Heinz nach einer abschließenden Fahrt durch das Revier auf den Heimweg.

Heinz I. wollte mit seinem eigenen Pkw nachfolgen. Als wir in unserer Pension ankamen, mussten wir noch lange auf unseren dritten Begleiter warten. Wir mutmaßten schon, dass er vielleicht sogar mit seinem nicht gerade geländetauglichen Auto irgendwo im Schlamm steckte und auf Hilfe angewiesen sein könnte. Nach einiger Zeit unseres Ausharrens fuhr der Vermisste dann endlich mit vor Freude strahlendem Gesicht im Hof unserer Bleibe vor. „Was war passiert?" war natürlich die uns bewegende Frage.

Heinz I. erzählte mit gewisser Genugtuung: „Als Ihr abgefahren seid, ging ich zu meinem Auto. Ich wollte gerade die Flinte von der Schulter nehmen, da sah ich über mir einen Schatten. Mein Blick nach oben erkannte eine Gans. Ich legte an, schoss und sie stürzte einige Meter vor mir auf einem Acker zu Boden. Beim Herbeiholen der Beute entdeckte ich im entfernten Hintergrund dieses Feldes eine weitere Gans, die sich wiederholt vom Boden zu erheben versuchte.

Ich lief zum Auto, nahm meine Flinte und rannte mit einigen Mühen in Richtung der eben entdeckten Gans. Als ich mich auf etwa dreißig Schritt herangekämpft hatte, erhob sich der Vogel und versuchte schräg von mir abzustreichen. Mein Schuss hinderte ihn allerdings daran. So habe ich nun zwei Vögel mehr als nach dem Ende der eigentlichen Morgenjagd."

„Bravo!" Wir freuten uns mit ihm und überdachten das eben Gehörte. Dabei stellten wir fest, dass die letzte Beute von Heinz I. wohl die Gans war, die ich am Morgen zu Boden befördert hatte, und die wir einfach nicht hatten orten können. Auf alle Fälle füllten die bereits erlegten Gänse allmählich die Reihe. Wir hatten Sie auf einer Leine in einer Scheune unserer Pension aufgehängt.

Zum Abendstrich war eine größere Gruppe von Jägern angesagt. Die Schützen wurden in dem sehr geräumigen und weitläufigen Revier so aufgestellt, dass keiner dem anderen irgendwie zur Last wurde oder dass er ihn beeinträchtigt hätte. Wir hatten uns für diesen Abend neue Plätze ausgedacht, die uns Positionen noch näher in Richtung Arendsee boten. Dort versprachen wir uns nach dem Eindruck des Morgens eine gute Chance auf Erfolg. Die Gänse kamen auch wie vermutet, allerdings in übergroßer Höhe. Uns blieb lediglich das Vergnügen, eine hohe Zahl von Gänsezügen in Richtung See zu bestaunen und zu bewundern. Nur eine einzelne Gans hatte sich in niedrigerer Höhe über Heinz und seinen Hund gewagt. Deshalb wurde sie auch zu seiner sicheren Beute. Zur allgemeinen Flughöhe der Gänse meinte Eckhard im Anschluss an die Jagd, dass die Vögel zu dieser Zeit, da sie erst seit vierzehn Tagen in der Gegend seien, noch auf „Zughöhe" eingestellt seien. Dies mag wohl eine Erklärung für deren Unerreichbarkeit durch unsere Schrote sein. Einige wenige der anderen Gäste waren wohl besser, d.h. vermutlich näher an den Gänsen postiert, denn sie konnten wenigstens ein paar wenige Martinsvögel erbeuten.

Erstens kommt es anders, zweitens als man denkt

Für den nächsten Tag hatten wir uns einen viel versprechenden „Schlachtplan" zurecht gelegt, denn wir wollten uns eben dort platzieren, wo wir am Abend zwar erfolglos waren, wo aber die Vögel besonders am vergangenen Morgen massenweise in geringer Höhe gezogen waren. Als wir gestern in der Allee standen, dachten wir, „genau dort müsste der ideale Ansitzplatz sein", da die sich nähernden Gänse erst wegen der hohen Bäume entscheidend empor steilten. Diese Erkenntnis wollten wir eben an diesem Morgen zum zwingenden Erfolg führen. Doch häufig lässt sich dieser gerade auf der Jagd nicht so genau planen. Wir nahmen zeitig genug unsere Positionen ein und harrten auf das weitere Geschehen. Aber viel geschah nicht. Der Wind hatte sich gedreht und wehte uns aus Richtung Arendsee, von wo wir die Vögel erwarteten, genau in das Gesicht. Schlechte Chancen für den Gänsezug, da diese Vögel in der Regel gegen den Wind ihr Nachtquartier verlassen. So lautet die Regel und so taten es an diesem Morgen auch die Gänse der Altmark. Wir hatten uns mit einem beinahe „ganslosen" Morgenansitz zu begnügen – sogar was den Anblick betraf.

Ein unerwarteter Besuch bringt unerwartete Ereignisse

Diese Ereignislosigkeit des Morgens stachelte uns an, auch tagsüber im Revier herumzusuchen. Gleichzeitig hatte sich per Telefon ein Gast aus dem hohen Norden der Republik angekündigt, der auf der Suche nach einem neuen Vorstehhund war und der den Französisch-Kurzhaar von Heinz einfach sehen und eventuell ihm bei der Arbeit auch zusehen wollte. Wir fuhren mit unserem Jagdauto in Richtung des Jagdrevieres zum vereinbarten Treffpunkt. Als wir dort, ganz in der Nähe unserer Jagdgründe, auf die Ankunft des Hundeinteressenten warteten, überflogen uns zahlreiche Gänse. Sie alle fielen wie zu einer Versammlung auf einem Stoppelfeld ein, das exakt an der Grenze zu unserem Jagdrevier lag.

Diese Grenze bildete ein Bahndamm. Vor diesem lagen die Vögel nun in Massen, hinter diesem begann das Revier von Eckhard. Rasch war ein Plan gemacht, wie wir eventuell zu Jagderfolg kommen könnten. Wir meinten, der mittlerweile angekommene Gast solle diesseits des Bahndammes nur einfach spazieren gehen. Auch Heinz I., der ja bereits fünf Vögel erbeutet hatte, meinte, er würde in Begleitung des Gastes, nach ein paar mit uns vereinbarten Minuten, als Spaziergänger los gehen. Heinz und ich, wir versuchten uns hinter dem Bahndamm, der uns gute Deckung bot, in Richtung der Gänsevögel anzupirschen. Wir waren bereits in Höhe der jenseits des Dammes heftig gackernden und schnatternden Gänse angelangt, da verbreitete sich mit einem Schlag, wie auf ein Signal hin, enormes Rauschen verbunden mit lautem Gänsegeschrei. Ich duckte mich an den Hang des Dammes.

Mein Pulsschlag beschleunigte sich merkbar. Bereit und gespannt wartete ich, die Augen in Richtung des wirr tobenden Lärmes gerichtet. Obwohl ich damit gerechnet hatte, erschrak ich förmlich: In höchstens zehn Meter Entfernung zog, als wäre der Vorhang einer Theaterbühne schlagartig aufgerissen worden, ein dichter Pulk von aufgescheuchten Martinsvögeln über mich und Heinz hinweg. Mein erster Schuss ging vor Aufregung daneben, aber der zweite traf sicher und gezielt den Kopf einer Gans. Ich hatte eine zweifellos schießtechnisch leichte Aufgabe gelöst. Aber dieser Treffer animierte mich keineswegs dazu, weiterhin mit der Flinte zu agieren. Ich war viel zu aufgeregt, um noch einmal nachzuladen. So sah ich dem Schauspiel der in Steinwurfweite in Massen über mich hinwegziehenden Gänse einfach zu. Die Erregung, die mich hierbei befallen hatte, wich erst allmählich, als die Zahl der abfliegenden Vögel auch merklich abgenommen hatte. Etwas Vergleichbares hatte ich in so unmittelbarer Nähe des Geschehens bisher noch nie erlebt. Einfach gewaltig! Die Beute wurde eingesammelt, und wir trafen uns mit den beiden anderen, die wir als Helfer – so dachten wir – benötigt hatten. Sie erzählten jedoch, dass sie sich noch keinen Schritt vorwärts bewegt hatten, als die Gänse plötzlich hoch wurden. Wir waren auf ihre Hilfe als „Zutreiber" also keineswegs angewiesen.

Im weiteren Verlauf des Tages suchten wir im Revier nach Möglichkeiten, den Französisch-Kurzhaar dem Gast bei der „Arbeit" vorzuzeigen. Dabei hatten wir Tauben entdeckt. Aber diese flüchteten rechtzeitig in sehr großer Distanz vor unseren Gewehren. Auch der Gast führte eine Flinte mit; ich hatte ihm in der Zwischenzeit hierzu die Genehmigung des Jagdherrn per Handy eingeholt. Auf dem Rückweg zum Auto näherte sich uns ein kleiner Flug von Gänsen. Diesem galt nun unser Interesse und wir nahmen in aller Eile etwas Deckung unter hohen Pappeln ein. Die Vögel zogen geradewegs über uns. Wir alle feuerten los. Eine der Gänse, die (auch?) ich beschossen hatte, zeichnete nach ein paar Flügelschlägen und stürzte getroffen schräg vor uns ab. Der Gast schickte seinen eigenen Hund, den er mitgebracht hatte, um die Gans zu holen. Während er auf Beutefang unterwegs war, vereinbarten wir, ihm eine Freude zu machen und ihm die Gans als „eindeutig erkennbar durch ihn getroffen" mit „Weidmannsheil", zuzusprechen. Er wollte den Vogel gar nicht annehmen, aber er freute sich trotzdem riesig über dieses völlig unerwartete Jagdglück. Schließlich fragte er an, ob er denn auch noch am bevorstehenden Abendstrich teilnehmen dürfe. Auch das wurde ihm durch Eckhard genehmigt.

Mit der „Kanone auf Gänse schießen"

Wir erwarteten die Gänse zum Rückstrich am Waldesrand, einer für uns neuen Position im Revier. Der Gast hatte eine Selbstladeflinte im Kaliber 10/86 dabei, die er als ausdrückliche „Gänseflinte" gekauft hatte und die er eben gerne ausprobieren wollte. Wir alle waren uns sicher, dass auch damit keine Wunder zu vollbringen seien. So verteilten wir uns auf unsere Plätze und warteten auf die hereinbrechende Dunkelheit und die dann heimwärts ziehenden Gänse. Diese kamen auch zur erwarteten Zeit in großer Höhe. Der Gast war in meiner Nähe angestellt. Als er die ersten Vögel beschoss, fiel mir auf, dass er kurz nacheinander drei Schüsse abgegeben hatte. Ich dachte bei mir: „Eigenartig, warum schießt der denn so kurz nacheinander dreimal?"

Dies wiederholte sich noch zwei weitere Male, dann war die nur in geringer Stückzahl mitgeführte Munition dieses Kalibers wohl zu Ende. Er versuchte es von da an, deutlich im Schall unterscheidbar, mit seiner „normalen" Flinte im Kaliber 12/76. Wir, meine Freunde und ich, hatten nur ein paar wenige Schüsse abgegeben. Nach Ende der Jagd kamen wir wie vereinbart zusammen. Wir alle staunten riesig, da der Gast, dem wir am Nachmittag noch eine Gans „zugesprochen" hatten, mit zwei Vögeln als sicher eigen erlegter Beute daher kam. Ja damit hatte keiner von uns gerechnet. Die Freude bei ihm und auch bei uns über den Erfolg war riesengroß. Über dieses Jagdglück befragt erzählte er uns, dass er die Gänse mit der „Kanonenflinte" erlegt hatte. Dabei hätte er eben die nachweisbar erfolgreiche „gebündelte" Schussabgabe versucht, zweimal mit sichtbarem Ergebnis. Mit der anderen Flinte hätte er ebenso wie wir bei zahlreich unternommenen Versuchen „machtlos dagestanden". Wir waren beeindruckt. Der Gast, der an diesem Abend noch einen weiten Weg mit dem Auto zu bestreiten hatte, verabschiedete sich von uns. Er freute sich wie ein „Schneekönig" über sein Jagdglück und dankte für die hierzu eingeräumte Möglichkeit.

Viele Eindrücke bleiben, manche vergehen

Beim Abendbrot und auch noch danach diskutierten wir, zunächst einmal beeindruckt vom erzielten Erfolg, über diesen unerwarteten Ausgang eine ganze Weile. Wir sprachen über die „Spezialflinte" und auch über die am heutigen Abend erlebte, zweifellos erfolgreiche Methode, die Schüsse in einer Salve abzugeben. Ergebnis unseres Gespräches hierzu war schließlich die einhellige Meinung, dass wir weiterhin unseren bisher angewandten, jagdlichen Methoden und auch Mitteln treu bleiben wollten und nicht etwa auf den „Ernteweg" umzusteigen gedächten. Auch wenn unser Jagderfolg bislang nur gering war; er war doch jedes Mal mit einem gezielten Schuss verbunden. Und darauf wollten wir auch im Sinne einer fairen Jagdausübung weiterhin setzen.

Der letzte Morgen war wiederum durch sehr hoch über uns hinwegziehende Gänse in bekannt großer Zahl gekennzeichnet. Ohne den Drang zu verspüren, noch unbedingt benötigte Beute machen zu müssen, betrachteten wir alle diesen Morgen als Zeit zum Abschied nehmen. Abschied von einem wunderbaren Revier, Abschied von einem sehr netten Jagdherrn, Abschied von herrlichen Erlebnissen in einer allzeit harmonischen Gemeinschaft mit Freunden und schließlich Abschied von insgesamt gelungenen drei Tagen in der Altmark mit der Perspektive einer Wiederkehr.

....

Elftes Kapitel

Breitschnäbel zwischen Donau und Isar

Eine Wildart, die in meiner jetzigen Heimatregion im Mündungs-
gebiet der Isar in die Donau von großer Bedeutung ist, soll eine
besondere Würdigung erfahren. Es handelt sich um die Wildenten,
vornehmlich die Stockente und natürlich um die Jagd auf sie. In einer
Gegend, da die Donau trotz Begradigung noch von einigen Altwässern
umrahmt wird, und die Isar (noch stellenweise) mit einer regelrechten
Auenlandschaft umgeben ist, findet die Wildente ein ideales Biotop
vor. Auch wenn in den letzten Jahren die Bestände dieser Vögel durch
Wasserratten und auch Raubvögel immer wieder stark dezimiert wurden, kann man insgesamt von einem stabilen Bestand dieser Wildart
ausgehen. Gejagt wird in unserer Region zum einen auf dem Abendstrich (in Niederbayern spricht man vom „Entenfall") und in einem
mir bekannten, besonders gut besetzten und gepflegten Revier an der
Isar auch auf getriebene Enten. Von diesen beiden Varianten zu berichten, soll Gegenstand dieser Geschichte sein.

Gemeinsam am Abendstrich

Hermann, der Beständer einer vorbildlich geführten und auch hervorragend mit Wild besetzten Jagd an der Donau, ruft an und lädt zum
abendlichen Ansitz auf die Breitschnäbel ein. Da er in seinem Jagdgebiet
einige Möglichkeiten hat, den Enten aufzulauern, veranstaltet er zum
Saisonauftakt und noch ein paar Mal danach kleinere Gesellschaftsjagden. Ich freue mich schon immer auf diesen Anruf, den ich im Laufe des
ausklingenden Septembers bereits sehnsüchtig erwarte. Und endlich ist
es dann soweit: Hermann bittet zur Jagd. Einige Herren, die alljährlich
in die Runde der Entenjäger geladen werden, treffen an einem Oktober-
abend zusammen, um gruppenweise zusammengefasst, auf mehrere
Plätze verteilt, im weitläufigen Revier auf die Entenvögel anzusitzen.

....

Eine gegenseitige Beeinträchtigung der etwa sechs Schützen je Gruppe findet keineswegs statt, da die Abstände zueinander gehörig groß sind. Auch innerhalb der Gruppen findet ein durchaus harmonischer Jagdablauf statt: Je nach Vorlieben und Eignung werden die einen Jäger am Wasser aufgestellt, da die Enten zum Landen ansetzend, in geringerer Fahrt beschossen werden können. Die anderen werden etwas zurückversetzt, in etwas Abstand zur Wasserfläche postiert, da die Breitschnäbel noch oder auch wieder in höherer Fluggeschwindigkeit und auch Höhe ihr Heil in der Flucht suchen. Ich darf, wie auch schon in den Jahren zuvor, meinen Stand etwas zurückversetzt vom eigentlichen Geschehen einnehmen.

Ruhe im Paradies

Der mitgeführte Jagdstock hilft mir als Ruheposition und auch dabei, in den Brennesseln Deckung zu finden, ohne gleich durch die hervorragend äugenden Vögel entdeckt zu werden. Aber so weit ist es noch nicht. Zunächst habe ich Zeit, mich an der herrlichen und wunderbar ruhigen Umgebung zu erfreuen. Neben mir stöhnt ein Dampfer, vermutlich schwer beladen, den Fluss hinauf. Für ein paar Momente durchdringt das Rattern seiner Dieselmotoren die Abendruhe. Aber gleich hat sich das Ungetüm entfernt und es wird wieder still um mich. Einige Fasanenhahnen baumen im Auwald, ganz in der Nähe, mit lautem „Gockgock" auf. „Noch habt ihr Ruhe", denke ich vor mich hin, „aber bald werdet auch ihr den Jäger spüren, wenn Herrmann hier seine Treibjagd abhält." Ein paar Kormorane überfliegen mich in Richtung Donau, wohl auf der Suche nach Fisch. Auch ein Flug Täubchen ist am Himmel zu erkennen, der jetzt, bei hereinbrechender Dämmerung seinen Schlafplatz in den hohen Pappeln aufsucht. Auch der Biber hat, deutlich an seinen Arbeitsspuren an den Weiden erkennbar, in dieser Gegend eine neue Heimat gefunden. „Wie im Paradies leben hier noch zahlreiche Tiere nebeneinander", beschäftigt mich ein Gedanke.

Es kann losgehen

Allmählich mache ich mich jedoch für die Breitschnäbel zumindest gedanklich bereit, da die Dämmerung die Schatten der Pappeln neben mir schon sehr lang werden lässt. Nicht lange sollte ich warten, da machen sich mit leisem, anhaltendem Quorren Enten am Himmel bemerkbar. Vorsichtig, fast verstohlen, wendet sich mein Blick nach oben, um die Tiere auch optisch ausmachen zu können. Da, in noch großer Höhe, entdecke ich einen Schof der Vögel, offensichtlich noch auf Erkundungsflug, über mich hinwegziehen. Alles bleibt in Ruhe. Nicht viel Zeit vergeht und es nähert sich, wiederum mit deutlich hörbarem Geschnatter, ein weiterer Flug von Enten. Aber dieses Mal wollen die Vögel wohl in das etwas entfernt vor mir liegende Wasser einfallen.

Mehrmals überfliegen sie mich, wobei sie jedes Mal an Höhe verlieren. Ganz nach Geheiß von Hermann verhalte ich mich ruhig, ohne auf die bereits in gut schussbarer, ja sogar optimaler Entfernung über mich hinweg ziehenden Tiere anzulegen. „Die anderen Jäger, die vorne am Wasser stehen, wollen und sollen auch schießen. Deshalb lasse die Enten ruhig versuchen, einzufallen. Dann erst kommst du an die Reihe!" So klingen mir die mahnenden Worte von Hermann noch in den Ohren, da ich in diesem Moment zwischen einem Wollen und einem Sollen doch stark hin und her wanke. Trotz aller Passion und Erregung mäßige ich mich und warte geduldig, bis die Tiere so handeln, wie Hermann es vorausgesagt hatte. In der Tat, nach ihrer letzten Umrundung des Altwassers wollen sie einfallen. Da krachen die ersten Schüsse. Die Tiere stürzen in ihrer Flucht davon, einige davon genau über mich hinweg. Die erste Doublette von Breitschnäbeln liegt in den dichten Brennesseln, die mich umgeben. Ich freue mich über den eben erzielten Erfolg und denke mit Bangen an die Bergung der Beute. „Das wird für den Hund aber eine juckende Angelegenheit! Hoffentlich steht er diese auch durch!", sind die Gedanken, die mich in diesem Moment bewegen.

Ordnung muss sein

Kaum habe ich mich zur Beruhigung auf meinem Sessel niedergelassen und meine Flinte erneut bereitgemacht, da höre ich schon wieder die nächsten Enten im Anflug. Rasch habe ich sie ausgemacht und kann feststellen, dass sie sich ähnlich verhalten wie der Schof von eben. In weiten, spiralförmigen Schleifen nähern sie sich aus großer Höhe allmählich ihrem geplanten Landeort. Mehrmals, als sie mich in für einen Treffer idealem Abstand überfliegen, denke ich, erneut über meine Zurückhaltung in Zweifel geraten: „Jetzt hättest du aber doch schießen sollen! Vielleicht entdecken sie bei dieser

Runde etwas Störendes und fliehen in die andere Richtung, unbehelligt von meinen Schroten". Aber sie verhalten sich wiederum genauso, wie Hermann es angekündigt hat: Sie setzen zur Landung an. Abermals werden sie hierbei von den Schrotgarben der dort wartenden Jäger belangt. Einige Tiere, die ihr Heil noch in der Flucht suchen können, nehmen erneut Richtung auf mich. Nochmals gelingt es mir, eine Doublette zu erlegen.

Durch den Hall der Schüsse werden einige Schofe von Breitschnäbeln, die sich gerade im Anflug befinden, rechtzeitig auf die drohende Gefahr aufmerksam. Sie entfernen sich rasch und unversehrt zu anderen Äsungsgründen. „Schade", denke ich mir, „wenn die Freunde noch etwas gewartet hätten, wäre die Beute noch reichlicher ausgefallen". „Aber mehr als zwei Vögel hätte ich mit meiner Doppelflinte auch nicht erlegen können", korrigiere ich mich selbst in Gedanken. Ein paar Minuten der Ruhe und Sammlung folgen. Ich konzentriere mich noch einmal auf die Punkte, da die bisher gestreckten Vögel liegen müssen, um sie später dem Hundeführer möglichst präzise beschreiben zu können. Da stürzen zwei oder drei Enten, von mir für einen Schuss viel zu spät bemerkt, direkt in das Wasser des Nebenarmes der Donau vor mir. Kurz darauf folgt eine weitere.

Ich habe keine Chance, meine Flinte rechtzeitig in Anschlag zu bringen. Vor mir, hinter dem schmalen Schilfgürtel, der das Ufer säumt, müssen nun die Vögel sein. Aber mir ist die Sicht auf sie versperrt. „Wenn die nächste Gelegenheit kommt, dass die Jäger nebenan zu Schuss kommen, muss ich mich auf diese eben eingefallenen Tiere konzentrieren," denke ich. „Dann dürften sie hoch werden und vielleicht in meine Richtung entfliehen wollen", folgere ich weiter. Der erwartete Schuss der Nachbarn folgt auch sehr bald. Meine Augen starren gespannt in die Richtung, da ich die hoch werdenden Vögel vermute. Aber da kommen sie nicht. Ich entdecke sie direkt neben mir vor den hohen Pappeln, wo sie verdeckt vom Schatten der dort bereits heraufziehenden Dunkelheit unbehelligt entkommen können.

Die Nacht bricht allmählich herein

Die Schatten der Nacht machen sich immer mehr breit. Auch am hohen Himmel streichen in der Folge zahlreiche Enten über mich hinweg. Jetzt sind sie nurmehr als dunkle Silhouetten zu erkennen. Nun ist die Zeit gekommen, da ich nicht mehr gezwungen bin, mich in Geduld zu üben. Jede Gelegenheit, über mich oder an mir vorbeistreichende Entenvögel zu erlegen, darf ich jetzt nutzen, so hatte es Herrmann auch angekündigt. Dies tue ich jedenfalls reichlich, so dass der eine oder andere Breitschnabel seinen abendlichen Ausflug bei mir beendet. Jedoch auch ein paar Fehlschüsse habe ich zu beklagen: Besonders wenn die Dunkelheit hereinbricht, bereiten mir meine nicht mehr ganz jungen Augen oftmals Probleme, den Flug der Enten in seiner Fortsetzung rein optisch richtig einschätzen zu können. Zu oft verplane ich mich hierbei; ein Fehlschuss ist die unabweisbare Folge. Aber insgesamt kann ich mit dem heutigen Abend und seinem Ergebnis sehr zufrieden sein. Die unabwendbare Dunkelheit hat schließlich das Ende der Jagd für uns alle bestimmt.

Jetzt kommt die Aufgabe für „Michl" und seinen Deutsch-Drahthaar, einen Zögling aus der bewährten Zucht von Hermann. Nach meiner Einweisung bringt der Vierbeiner alle an ihrem vermuteten Fundort beschriebenen Entenvögel, auch aus den dichtesten Brennesseln, bravo! Nur einmal, da der Hund in Richtung Wasser dirigiert wird, kann man das wiederholte Quaken einer fliehenden Ente hören; daraufhin kurzen, jiffenden Laut des Hundes und seinen Sprung in das Wasser. Weitere stakkatoartige Hetzlaute folgen. Wir, der Führer des Hundes und auch ich versuchen, einen Blick auf die Wasserfläche zu bekommen, um die geflügelte Ente von ihrem Leid und den Hund von seiner schier unlösbaren Aufgabe zu befreien. Doch leider können wir den Vogel nicht entdecken.

Nach einiger Zeit ergebnislosen Bemühens wird der Hund schließlich von seiner Aufgabe freigesprochen. „Michl" will zu meiner Beruhigung am nächsten Morgen noch einmal nach dieser Ente sehen. So gehen wir mit unserer Beute ordentlich bepackt zurück zum vereinbarten Treffpunkt, wo die anderen Jäger unserer Gruppe bereits ihre Strecke gelegt hatten. Zusammen mit meinem Beitrag liegen vor uns insgesamt 32 Breitschnäbel nebeneinander aufgereiht im Grase. Ich persönlich habe hierzu mit einem „guten Teil" beigetragen.

Die Strecke wird versorgt

Wir entschließen uns, die Beute auch noch „auszuhakeln", da sonst der Jagdherr diese Aufgabe noch zu späterer Stunde übernehmen müsste, bevor er die Tiere dem Wildbrethändler übergibt. Für diese Aufgabe verwendet man normalerweise hierfür extra angefertigte Drahtstücke, die an einem Ende zu einem Haken gebogen sind. Aber keiner von uns hatte ein derartiges Werkzeug mit sich geführt. Folglich müssen wir uns mit einem einfacheren Mittel behelfen: Ich schneide hierzu von einer Weide einen Ast ab, und stutze diesen so zurecht, dass ein Stückchen Holz, beendet von einem Widerhaken, übrig bleibt. Armin, der Jungjäger, ist von dieser Behelfsmassnahme überrascht. Er meint, schon wieder habe er etwas dazugelernt.

Aber nun ist die Aufgabe des Ausweidens auch zu erledigen. Nachdem wir nur einen Haken haben, übernehme ich diesen Part und ziehe das Gedärm der Vögel nur etwas aus dem Weidloch der Vögel heraus. Ein anderer Jäger besorgt den Rest, das Gescheide völlig zu entfernen. Als wir so im Licht des Autoscheinwerfers im Akkord Ente für Ente versorgten, konnte man die untätigen Jagdfreunde frotzeln hören: „Doch Freunde, es gibt wenigstens einen Lehrer, der nicht nur brauchbar schießt, sondern der noch dazu auch mit seinen Händen etwas anzufangen weiß." Solch einen Spott hat man als Angehöriger der Zunft der Pädagogen eben zu ertragen. Spaß muss eben sein.

Alle sind zufrieden

Im Gasthaus kommen schließlich alle Entenjäger dieses Abends zusammen. Mit Stolz präsentiert jede Gruppe ihr Ergebnis, das insgesamt bei etwa sechzig Vögeln liegt. Der Abend klingt mit der einen oder anderen neuen oder auch uralten Episode aus. Jeder der Teilnehmer hat einen wunderbaren Abend am Entenstrich erleben dürfen. Da Hermann nicht nur Pächter eines Revieres, sondern auch Vorsitzender unserer Kreisgruppe der Jäger ist, führt er mehrere derartige Veranstaltungen mit etwa vergleichbarem Ergebnis, jedoch wechselnder Besetzung durch, um vielen Jägern seiner Bekanntschaft die Möglichkeit zu einer ordentlichen Entenjagd zu bieten. Ich persönlich freue mich immer besonders, wenn auch ich an diesen gelungenen Jagden teilnehmen darf.

Drückjagd auf Enten an der Isar

Eine völlig andere Art, den Breitschnäbeln nachzustellen, wird in den Auen der Isar geboten. Ludwig ist Pächter dieses Revieres und der „Entenvater", der dieses Wild zu seiner besonders gehegten und gepflegten Kreatur erklärt hat. Er dürfte, gemessen an Wildvorkommen, das vermutlich am besten mit Breitschnäbeln besetzte Revier unserer Region haben. Und diese Vögel werden an drei oder vier Morgenjagden im ausklingenden Herbst und nahenden Winter zur Regulierung ihres sonst ausuferndern Bestandes gezielt bejagt.

Ludwig lädt per Telefon zu seiner in diesem Jahr zweiten Drückjagd ein. Auch ich gehöre zu den an diesem Tag Berücksichtigten und freue mich bereits mit der Einladung auf diesen stets interessant und abwechslungsreich verlaufenden Morgen bzw. Vormittag. Etwa fünfzehn Jäger gehören zu den Glücklichen, die an diesem Tage den Ruf des Jagdherrn erfahren durften und die sich im Keller seines Hauses, dem hier üblichen Treffpunkt, früh am Morgen einfinden. Mit Beginn der Jagd begrüßt der Jagdherr seine Gäste und weist sie, wie immer, auf seine Devise hin, vorwiegend Erpel, hier auch „Blaue" genannt, aufs Korn zu nehmen. Als Begründung hierfür führt er die allseits bekannte Regel an, dass ein Überbestand an Erpeln für die gesamte Population – besonders im Frühjahr bei der Nachzucht von großem Nachteil sei. Diesen Bestand positiv zu regulieren, sei heutige Aufgabe der Jägerschaft.

140

Die Treiben beginnen

Der Beginn der Jagd verlangt zunächst eine kurze Fahrt mit den Autos einige Meter hinaus ins Revier. Das erste Treiben wird an einem hoch aufgeschütteten Damm zwischen Stausee und Isar-Aue abgestellt. Es ist noch düster an diesem Morgen. Die paar Regentropfen, die der Himmel freigibt, können die Jägerschar nicht in ihrem Tatendrang einschränken. Am Rande der zu einem See angestauten Isar erwarten wir auf der Krone des Dammes die ersten Enten. Ludwig hat sich an ein Altwasser begeben, von wo aus er die Vögel hoch macht. Manchmal fliehen die Tiere schon allein durch das Erscheinen des Jagdherrn und Treibers, manchmal hilft erst ein Hebeschuss. Heute erklingt ein einzelner Knall: Für uns alle ein Zeichen, dass die Jagd beginnt.

In den nächsten Sekunden ist mit dem vielfachen Erscheinen von Enten zu rechnen. Meine Augen starren, wie die meiner Mitstreiter, gespannt in das Grau des Morgens in Richtung Aue, woher wir die fliehenden Breitschnäbel erwarten. Da sieht man bereits in Höhe der Spitzen der riesigen Au-Pappeln den ersten Schof Richtung auf uns nehmen. Die Enten kommen bereits in großer Höhe herangestürmt; wir stehen oben auf der Dammkrone hoch genug, so dass unsere Schrote die Vögel gut erreichen können. Zahlreiche Schüsse krachen in den Morgenhimmel. Auch ich konzentriere mich auf einen heran-eilenden Flug in geeigneter Entfernung und dabei ganz besonders auf die auch bei diesem Licht schon gut erkennbaren Erpel. Drei davon stürzen als „Triplette" kurz hinter mir mit einem deutlich hör-baren „Wums" zu Boden. Die tödlichen Treffer kamen aus meiner Selbstladeflinte im Kaliber 20/70, die ich ausschließlich bei derarti-gen Jagden immer noch gerne führe.

Rasch nachgeladen, denn es folgen häufig noch andere Schofe, die den „Ernst der Lage" wohl nicht rechtzeitig erkannt haben. So ist es auch an diesem Morgen. Tatsächlich ziehen noch weitere Enten heran, die wiederum stark beschossen werden. Mir glückt es, das Ergebnis mit einer Doublette anzureichern. Dieses Mal stürzen die Vögel jedoch in den Stausee. Dort bleiben sie mit dem Bauch nach oben, deutlich sichtbar verendet, liegen. Das Treiben ist zu Ende und die Hunde übernehmen nun die Aufgabe des Herbeiholens der zahl-reichen Beute. Auch wenn ein Tier einmal angeschossen wurde, hat seine Bergung stets erste Priorität, bevor das Jagen fortgesetzt wird. Etwa zwanzig Breitschnäbel liegen auf der Strecke.

Nun steigen wir wieder in das Auto ein und fahren einen guten Kilometer weiter zum nächsten Treiben. Auch hier gehen die Jäger quasi zum Vorstellen an einen Seitenarm; Ludwig begibt sich an das hierzu gehörende Gewässer, von dem aus er die Vögel hoch macht. Jetzt stehen wir entlang eines Pappelstreifens, der das Ufer dieses Altwassers säumt, in gehörigem Abstand zueinander. „Am alten Hafen" nennen sie diesen Platz, da wir uns zum einseitigen Spalier entlang eines Was-serarmes aufgestellt haben. Es dauert nicht lange, da fliegen die ersten Breitschnäbel, im vermeintlichen Schutz der Bäume, allmählich Höhe nehmend, über dem Wasser entlang. Einige der Vögel stürzen getroffen in den Fluss. Jeder der Schützen kommt auf diese Weise zu seiner Bewährung und seinem Erfolg. Die Tiere aufzulesen, ist dieses Mal aus-schließlich Anforderung an die wasserfreudigen Hunde.

Sie erledigen dies mit erkennbarer Routine und auch zu unserer Zufriedenheit in kurzer Zeit. Und weiter geht es auf vier Rädern zum

141

nächsten Treiben, wiederum wenige Kilometer entfernt. Dort wird ähnlich wie eben verfahren. Nur dieses Mal werden die Enten über ein freies Feld herausgetrieben. Die disziplinierten Schützen können wiederum reiche Ernte halten. Zahlreiche „Blaue" liegen auf dem Stoppelfeld verteilt. Eine Ente jedoch hatte auf einen Schuss gezeichnet, fiel allerdings nicht zu Boden. Erst in etwa fünfhundert Meter Entfernung hatte man sie in einem Feld landen sehen. Selbstverständlich ruhte in diesem Moment die Jagd, bis der Jagdherr persönlich mit seinem Hund auch diesen Vogel herbeigeholt hatte.

In dieser Zeit des Wartens auf den „Chef" wunderte ich mich in der Runde der ortserfahrenen Jäger über die Möglichkeit einer erwiesenermaßen erfolgreich wiederholten Jagdausübung auf die zweifellos scheuen Enten und dies auf zweifellos relativ eng begrenztem Raum. Zur Antwort wird mir hierzu gegeben, dass die Wasservögel in den Altwässern rund um die Isar hervorragende Deckungsmöglichkeiten hätten. Dies führe dazu, dass die Vögel auch durch das häufige Krachen von Schüssen in ziemlicher Nähe zumeist nicht zur Flucht bewegt würden. Ergebnis dieses Verhaltens der sonst keineswegs zutraulichen Vögel ist, dass an diesem Morgen letztendlich insgesamt fünf Treiben mit ähnlichem oder auch gleichartigem Verlauf, wie geschildert, stattfinden können. Keiner der teilnehmenden Schützen geht leer aus. Zum Abschluss der Jagd wird die Strecke gelegt und auch verblasen. Der Jagdherr verkündet das Resultat: „Insgesamt wurden heute siebzig Breitschnäbel erbeutet. Ich danke allen Schützen für die Mithilfe zu diesem zufrieden stellenden Ergebnis."

Abschluss eines Jagdtages im Keller

Der Keller des Jagdherrn dient bei dieser Jagd im Anschluss hieran stets als Wirtshausersatz. Dort wird für den Rest des Vormittages stets eifrig über alle möglichen Themen diskutiert, die den Grünrock in seinem täglichen oder wenigstens häufigen Tun beschäftigen. Bei diesen Gesprächen erfährt man dann auch einige Geheimnisse der Hege und Pflege der verschiedensten Tiere und auch über die gezielte und konsequente Jagd mit Flinte oder Falle auf das zu häufig vorkommende Raubwild und Raubzeug. Hierbei kommt man als Zuhörer rasch zur festen Überzeugung, dass alle hier Versammelten mit einer starken Neigung und sogar Hochachtung zur Kreatur in ihrem Dasein als Jäger zu Werke gehen.

So erfreut sich Ludwig, selbst ein hervorragender Flugwildschütze, stets an seinem übergroßen Bestand an lebenden Wasservögeln; bei ihm gewinnt man schließlich den Eindruck, dass er jedes geschossene Exemplar insgeheim bedauert. Und dennoch ist gerade bei ihm eine gezielte und konzentrierte Bejagung eines sonst zu explodieren drohenden Besatzes an Wasservögeln notwendig. Jagd ist hierbei das konsequent eingesetzte Instrument einer Bestandsregulierung. Mit der eingeladenen, stets numerisch begrenzten Jägerschar, ist außerdem die Gewähr geboten, dass möglichst wenige der Vögel angeschossen irgendwo jämmerlich verenden müssen. In so einem Kreise fühlt man sich als Jäger, der eben auch ausdrücklich faires Handeln gegenüber dem Wild befolgen möchte, stets wohl. Gerne kehre ich in diesen Keller mit seiner angenehmen Jagdgesellschaft immer wieder zurück.

ZWÖLFTES KAPITEL

Schnepfenjagd mit unerwartetem Ausgang

Wieder einmal stand nach einem langen, frost- und schnee-reichen Winter der Frühling bevor. Mit dem schmelzenden Schnee und offensichtlich zunehmenden Tagen steigt bei mir regel-mäßig nach einiger Zeit jagdlicher Abstinenz das Barometer der Jagdlust spürbar an. Mit dem heraufkommenden März warte auch ich sehnsüchtig auf den Frühling, die Zeit der erwachenden Natur und lauer werdender Lüfte. Diese Phase bedeutete für mich und viele andere Jäger, zumindest in vergangenen Zeiten, gleichzeitig die Ein-leitung des Jagdjahres mit dem Strich der Waldschnepfen. Vielfach beschrieben, mit zahlreichen Geheimnissen umgeben und als wun-dersam verherrlicht, galt diese Jagd auf die „Königin des Nieder-wildes" zugleich als der erste Höhepunkt im Jagdjahr. Will man diese Jagd auf die „Königin" auch heutzutage noch erleben, muss man sich in das benachbarte Ausland nach Österreich, Polen oder Ungarn begeben.

Ein geheimnisvoller Vogel

Die Geheimnisse um diesen Vogel, die sein Leben über Jahrhun-derte begleiteten, sei es sein Zugverhalten, sei es das Forttragen der Jungen mit den Flügeln bei Gefahr, sei es sein Balzverhalten oder schließlich das vermutete Vorkommen mehrerer Arten, sind zwi-schenzeitlich beinahe völlig geklärt. Doch der Vogel insgesamt und auch die Jagd auf ihn in einer Zeit, da die Natur immer mehr gilt als der abschließende Schuss, ist immer noch launenhaft und birgt viele Rätsel. Die Schnepfenjagd ist veritable Jagd im ursprünglichen Sinne. Bei diesen Vögeln handelt es sich noch um echtes Wild, das in keiner Weise zu manipulieren ist.

Man kann es nicht beeinflussen, nicht züchten, nicht einmal verlässlich rufen oder gar beschwindeln, wie es geschickte Jäger mit manchen anderen Tieren erfolgreich praktizieren. In unseren Breiten ist die Waldschnepfe zweifellos das einzige Wildtier, auf das wir eben keinen Einfluss ausüben können. Somit ist die Jagd auf den Vogel mit dem langen Gesicht, auch wenn sie noch so bescheiden ausfällt, unverfälschtes Weidwerk, die Schnepfen selbst sind eben noch echtes Wild. Die meisten Tierarten kann man durch Lockrufe oder auch durch Kirrung in ihrem Verhalten beeinflussen. Schnepfen lassen sich nicht füttern, nicht in Volieren künstlich aufziehen; sie machen ihr Gehen und Kommen durch gar nichts beeinflussbar. Bei dieser Tierart gibt es nichts, das mit Gewissheit vorhersagbar wäre; alle Aussagen hierzu sind irgendwie unsicher. So müssen zur Ausübung einer erfolgreichen Schnepfenjagd mehrere Voraussetzungen gleichzeitig zusammentreffen:

Erfordernisse einer erfolgreichen Schnepfenjagd

1. Schnepfen müssen vorhanden sein. Ihr Zugverhalten unterliegt leider keiner Gewissheit. Wann sie kommen, ob sie kommen und vor allem wie lange sie bleiben, wurde vielfach beobachtet und in Theorien und auch Spekulationen dargelegt. Aber manchmal stimmen auch diese Theorien nicht und die Vögel mit dem langen Gesicht sind dort, wo sie eigentlich nicht sein sollten und dort nicht, wo sie normalerweise eben sind.

2. Die vorhandenen Vögel müssen auch streichen. Ob sie dieses tun und in welcher Intensität sie ihre Flüge unternehmen, mag mit dem Wetter zusammenhängen. Wobei der Begriff „Schnepfenwetter", damit meint man trübes oder mit leichtem Nieselregen durchsetztes Wetter, durchaus erfolgversprechend sein kann aber nicht unbedingt sein muss. Auch bei Schneefall hat man nach kurzfristigen Frosteinbrüchen manchmal durchaus gute Chancen. Schlecht dagegen ist es für den Strich der Schnepfen, wenn der Himmel wolkenlos ist oder wenn anhaltender Regen mit Kälte oder Sturm gepaart sind. Aber, wie gesagt, auch hier sind Überraschungen durchaus üblich.

3. Der Jäger muss seinen Stand dort gewählt haben, wo die Vögel auch streichen. Hierzu ist zu bemerken, dass auch sogenannte „Königsstände" auf einmal nicht mehr von den Tieren heimgesucht werden. Plötzlich und unerklärbar nehmen sie andere Flugrouten an.

Schnepfenjagd mit unerwartetem Ausgang

So kann es durchaus passieren, dass die ersten beiden Bedingungen voll zutreffen, aber man hat einen Platz gewählt, von dem aus in beachtlicher Entfernung Schnepfen am Himmel zu bewundern sind, jedoch für einen Schuss einfach zu weit. Zweifellos stellt dies ein großes Erlebnis für jeden Naturfreund und auch Jäger dar. Allerdings fehlt einfach der letzte und schlussendlich vollendende Akt.

4. Man muss sie auch treffen. Je nachdem, welche Absicht die Vögel mit ihrem Flug verbinden, kann man eine ganze Skala von möglichen Begegnungen erleben. Ist da zum einen die kurz und in Bodennähe auf Nahrung einstreichende Schnepfe zu erwähnen, die wie ein Pfeil über die Schneise huscht. Gleich danach sind, für den Schützen ähnlich anspruchsvoll, die Vögel zu nennen, die in raschem Fluge balzend, manchmal auch zu mehreren hintereinander, auf der Suche nach Weibchen die Schneisen entlang jagen und dabei auch häufig ihre Flughöhe und auch -richtung ständig ändern. Weiter sind Vögel zu sehen, die in großer Höhe in Reisegeschwindigkeit bereits auf dem Weiterfluge gen Norden zum letzten Mal über den Lichtungen der Vortage auftauchen. Schließlich sind noch die Tiere in Balz anzuführen, die in einem gaukelnden, langsamen, manchmal rudernden und auch flatternden, fast innehaltenden Flug auf der Suche nach Weibchen sind. Ist die Balz in ihrem Höhepunkt angelangt oder steht gar ihr Ende bevor, kann man die Vögel häufig extrem langsam fliegend, regelrecht aufgeplustert sehen, wie sie Schmetterlingen gleich ihre Flügel wie Ruder benutzen oder gar in der Luft zu stehen scheinen. Je nach Flugart ändert sich damit auch der Anspruch an den Schützen, der zum einen das Wild richtig anzusprechen hat, seine Flinte rechtzeitig anzuschlagen und dann noch einen gezielten Schuss anzubringen imstande ist. Hier unterscheiden sich die Geister erheblich. Keineswegs kann man somit folgern, dass ein Jäger, der schon viele Schnepfen erlegt hat, gleichzeitig auch ein guter Schütze sein muss. Man sollte dazu noch wissen, in welcher Flugart er die Vögel zur Strecke gebracht hat.

Die Reise steht bevor

All diese Gedanken beschäftigten mich in nostalgischer Anwandlung, als der Frühling wieder bevorstand und ich mich an meine letzte Schnepfenjagd erinnerte, die ich vor ein paar Jahren in Ungarn erleben durfte. Ebenda ist die Frühjahrsjagd auf die Schnepfe immer noch erlaubt und dort konnte ich eine zutiefst beeindruckende Jagd, sei es von den umrankenden Erlebnissen, sei es vom jagdlichen Ergebnis her, erleben. Ich erinnerte mich an eine als sehr erfolgreich und auch wunderschön verlaufene Jagdwoche. Solch ein Erlebnis sollte es noch einmal sein. Meine Gedanken an diese Tage steigerten sich bis zur Sehnsucht nach Wiederholung. Sie ließen mich nicht mehr los bis ich endlich den festen Entschluss der Verwirklichung gefasst hatte und bei der Jagdgesellschaft für Ungarn buchte. Da ich mein Erleben mit Freunden teilen wollte, begeisterte ich zwei davon zur spontanen Teilnahme.

Im Geleit von Heinz dem „Dünnen", Heinz dem „Dickeren" (von hier an nur noch „Heinz" genannt) in Begleitung von „Heloise", seiner Französisch-Kurzhaar-Hündin und meiner Gattin startete ich also Ende März in Richtung Südwestungarn. Natürlich hatten wir uns vor Antritt der doch kilometerreichen Fahrt vor Ort über das Vorhandensein von Schnepfen erkundigt. Stefan, der mir bereits gut bekannte, dortige Revierbetreuer, erzählte mir von einer Gruppe von Jägern, die derzeit die Jagd auf Schnepfen versuche. Schnepfen würden an mehreren Ständen regelmäßig und in gut schussbarer Entfernung gesichtet. Ein vorzeigbares Ergebnis liege bislang jedoch mangels Treffsicherheit leider noch nicht vor. Spontan dachte ich an meine vier Grundregeln, die bei erfolgreicher Schnepfenjagd eben alle erfüllt sein müssen. Für uns allerdings war diese Nachricht Grund genug und Ermutigung zugleich, die lange Reise anzutreten.

Der erste Versuch

Als wir dort ankamen, wurden wir in Hamuháza bereits erwartet. Stefan stand vor der Türe seines Forsthauses und freute sich sichtlich über seine soeben eingetroffenen Jagdgäste. Die Abfahrt zum ersten Abendstrich stand kurz bevor. Hierzu trafen wir die letzten Vorkehrungen, bevor wir uns mit dem Geländewagen, der als neueres Modell seit meinem letzten Aufenthalt in Ungarn seinen allzu klapprigen und verkehrsuntauglichen Vorgänger ersetzte, in Richtung Revier begaben. Natürlich kamen wir auf der Fahrt zu unseren Schnepfenständen an einigem Rotwild vorbei, das uns ziemlich vertraut und ohne größere Unruhe passieren ließ. Für mich war dies ein bereits mehrfach erlebtes Ereignis, für meine Freunde ein wahrhaft neuartiger Eindruck: Rotwild in Rudeln von vierzig und mehr Stück in freier Wildbahn und Steinwurfentfernung, das sieht man gewiss nicht allzu häufig. Natürlich waren für das Abglasen und Verdauen dieser Eindrücke ein paar Minuten eingeplant.

Aber schließlich war es Zeit für die Weiterfahrt hin zu unseren Schnepfenständen, die ich bereits bei meinem letzten Aufenthalt in diesem Revier vor drei Jahren als gute Plätze kennengelernt hatte. Auffallend war schon bei der Anfahrt, dass durch einen in dieser Gegend unüblichen, starken Schneefall, der nach Aussage von Stefan erst ein paar Wochen zurücklag, riesige Wasserflächen den Boden der Waldkulturen teilweise bedeckt hielten. „Für den Schnepfenstrich ist dies sicher kein schlechtes Vorzeichen", dachte ich vor mich hin, als ich mich zu meinem Stand begab. An einer Kreuzung zweier Forstwege, die jeweils einzelne Laubwaldkulturen begrenzten, schlug ich meinen Sitzstock auf. Stefan hatte sich als zweiter Wächter hinter mir aufgestellt. Ein lauer Wind setzte ein und strich leise über die Kronen der noch unbelaubten Bäume. Allmählich zogen dunkle Wolken am Himmel auf und verdichteten sich rasch über mir zu einem drohenden Regenpanorama.

Der Wind veränderte deutlich merkbar seine Geschwindigkeit, die Temperatur der Luft war merklich gesunken. Es wurde richtiggehend kühl. In kurzer Folge fielen die ersten Regentropfen in mein Gesicht. „Das ist aber heute kein Schnepfenwetter", dachte ich unter dem Eindruck des aufkommenden und sich verstärkenden Regens. Ich war gerade dabei, mich gedanklich mit einem der bevorstehenden, weiteren Striche zu vertrösten, da hörte ich aufgeregt Stefan „Schnepf, Schnepf" flüstern. Er zeigte in die Richtung, in die ich nicht geblickt hatte. „Wo, wo", wollte ich völlig überrascht wissen. Stefan meinte, ein Schnepf sei in ganz kurzem Fluge dicht über den Weg sofort in der angrenzenden Dichtung niedergegangen. „War es Dichtung oder Wahrheit?" Diese Frage beschäftigte mich zumindest einen Moment, da ich in diesem Augenblick nicht an Stefan glauben wollte. Wie immer meine Antwort ausfiel, sie blieb doch in Ermangelung eines Zeugen Spekulation. Der Regen verstärkte sich immer mehr, so dass die Dunkelheit noch rascher als normal hereinbrach. Das Ende des Schnepfenabends, der heute keiner werden wollte, war gekommen. Wir hofften auf die nächsten Termine.

Der Abend im Forsthaus bot reichlich Zeit und Gelegenheit, über die Schnepfenjagd allgemein und auch meine dabei persönlich gemachten Erfahrungen zu plaudern. Auch das Ergebnis der Gruppe, die eine Woche vor uns im Revier geweilt hatte, wurde diskutiert. Lediglich eine einzige Schnepfe konnte von diesen drei Jägern in fünf Jagdtagen erbeutet werden. Allerdings mussten hierzu einige Schussversuche abgegeben werden. „Wir werden Schneider" prophezeite Heinz „der Dünne", der bislang selbst noch nie auf Schnepfen gejagt hatte. Ich wunderte mich über diesen Pessimismus, zumal hierzu keinerlei konkreter Anlass bestand und erwiderte eher optimistisch gestimmt: „Die nächsten Tage werden uns die Antwort schon geben!" Den Abend beschließend wurden die Regularien betreffend die Nacht und den daran anschließenden Morgen besprochen. Da in der bevorstehenden Nacht auf Sommerzeit umgestellt wurde, unterhielten wir uns über die logischen Konsequenzen dieser Aktion und gingen von den Anstrengungen eines langen Tages müde zu Bett.

Eine Stunde zu früh aufgestanden

Kaum war ich, so dachte ich, eingeschlafen, hörte ich an der Türe das weckende Klopfen von Stefan. Voller Erwartung und auch Spannung sprang ich aus dem Bett und machte mich für die Jagd fertig. Beim Tee, der hier als den Morgen eröffnendes, „kleines Frühstück" üblich ist, erwartete ich meine Freunde und auch Stefan. Als dieser kam, stellte er lakonisch fest, dass wir eine Stunde zu früh aufgestanden waren. Nun gut, jetzt waren wir schon einmal da. Dann mussten wir uns eben die Zeit irgendwie vertreiben. Aber dies ging relativ mühsam vonstatten. Von Müdigkeit geprägt saßen wir um den Tisch und schlürften das eine und andere Tässchen Tee in uns hinein. Eine angeregte oder auch flüssige Unterhaltung wollte in Anbetracht der Situation nicht aufkommen.

Endlich war auch diese lange Stunde vergangen und wir fuhren bei noch tiefer Nacht in den riesengroßen Forst. Am Ziel einer auch für mich für den Schnepfenstrich neuen Gegend angekommen, stapften wir im Licht unserer Taschenlampen mit unsicheren Schritten wankend auf unsere von Stefan verteilten Plätze zu. Noch war der Wald in tiefes Dunkel und Schweigen gehüllt. Lediglich ein paar Kröten schickten ihr monotones „Quak" in die

Nacht. Die Kulturen um mich herum waren nur schemenhaft erkennbar. Der Weg, auf dem ich saß und der von mir weg führte, endete für mein Auge kurz vor mir in undurchdringbarer Dunkelheit. Ein lauer Frühlingsmorgen wartete auf sein Erwachen. Ein Reiher stieß zaghafte Schreie in die Finsternis. Die ersten, vorsichtigen Singversuche einer Amsel waren hörbar. Ein paar Sekunden darauf stimmte im Hintergrund ein Täuberich die erste Strophe seines Balzgesanges an. „Der hat es aber eilig", kam mir in den Sinn. „Ob er an diesem frühen Morgen wohl auch schon gehört wird? Vielleicht war es auch nur sein Weckruf für die Angebetete?"

In der Verlängerung des Weges vor mir wurde im Hintergrund eine Kanzel schemenhaft erkennbar. Aus dieser Richtung hörte ich auch den Lockruf eines Fasanenhahnes, der zur Untermalung seine Schwingen deutlich hörbar rasch und kurz purren ließ. „Kleine Morgengymnastik" dachte ich und richtete meine Augen weiterhin gespannt in den Morgenhimmel, um nach einer Schnepfe Ausschau zu halten. Aber bisher konnte ich hierzu nichts Erkennbares vernehmen. Die Singdrossel stimmte ihr erstes Zwitschern an. Wie in einem Orchester, bei dem die einzelnen Musiker nacheinander eintreffen und sodann ihren Instrumenten die ersten Töne versuchsweise entlocken und sie für das nachfolgende Konzert stimmen, setzte immer mehr der Gesang der verschiedensten Vögel ein. Alle probierten zunächst ihre Stimmen in einzelnen Passagen aus, bevor sie dann zunehmend mit ihrer Partitur in den gemeinsamen Klang einsetzten.

„Wunderbar, so ein werdender Tag, in dem die Natur allmählich erwacht und in dem aus erlebter Stille ein zunehmend sich verstärkendes, dann später dauerhaftes Gezeter den Tag einleitet." So genoss ich den Morgen und ließ alles um mich herum auf mich einwirken. Dabei vergaß ich allerdings nicht, meine Augen weiterhin aufmerksam auf die Suche nach Schnepfen zu schicken. „Kein Glück", meinte plötzlich Stefan und schlug vor, da es schon ziemlich hell geworden war, hier die Zelte für heute Morgen abzubrechen. Wie empfohlen begaben wir uns auf den Rückweg zum Auto. Als wir dort angekommen waren, konnten wir Heinz erkennen, der auf unserem Rückweg auf Schnepfen gelauert hatte. Wir wollten ihn beim Vorbeifahren zusteigen lassen.

Zu früh aufgebrochen

Wir kamen bei Heinz an. Dieser zeigte sich völlig enttäuscht über sich und sein Unglück: „Eine Schnepfe habe ich völlig verschlafen, als sie wunderschön an mir vorbeistrich. Als ich sie letztendlich angesprochen und auch erkannt hatte, war sie bereits außer Schussweite." Doch seine Empörung über sich selbst sollte noch eine Steigerung erfahren: „Als Ihr vor zwei Minuten in das Auto eingestiegen seid, habe ich meine Flinte entladen. Gerade in diesem Augenblick streicht eine Schnepfe auf mich zu, über mich hinweg und noch einmal in einer Schleife über meinen Kopf! Zu einem erneuten Laden der Flinte blieb mir keine Zeit!" Das war Künstlerpech in doppelter Ausfertigung! Beruhigendes Ergebnis dieser Begegnung war für uns alle jedoch die Gewissheit, dass auf alle Fälle noch Schnepfen da waren. Unsere Erkenntnis für den nächsten Morgen war, jedenfalls noch länger auszuharren. Unsere Perspektive für die nächsten Ansitztermine war somit erwiesenermaßen nicht hoffnungslos.

Für den Abend hatten wir geplant, erneut die Stände des Vormittages aufzusuchen, denn Stefan meinte: „Wo am Morgen Schnepfen gestrichen sind, streichen sie auch am Abend. Wo sie aber am Abend gestrichen sind, weiß man nicht…" Diese Aussage passte schon voll in unser Erwartungsbild. Also trachteten wir nach einer Bestätigung dieser „Regel" und avisierten die besagten Plätze. An diesem Abend ließen wir allerdings das Auto am Rande des Waldes stehen, da der starke Regen der letzten Nacht die Forstwege in eine Rutschbahn verwandelt hatte. Stefan wollte vermeiden, dass sein Lada im Morast des tiefen Waldweges hängen bleiben würde. Folglich machten wir uns zu Fuß auf den Weg zu unseren Ansitzplätzen. Auf halbem Wege verabschiedeten wir uns mit einem hoffnungsvollen „Weidmannsheil" von Heinz, der wie am Morgen seinen Stand aufschlug.

Die Regel muss sich erst bestätigen

Wir, damit meine ich mich, meine Gattin als Begleiterin und Stefan als mein „drittes und viertes Ohr", hatten noch ein paar hundert Schritte zu gehen, ehe wir den Platz des Morgens erreichten. Der Forstweg, auf dem wir uns aufstellten, durchschnitt zwei Eichenschonungen, die mit etwa zwei bis drei Metern Höhe immer noch einen guten Blick über die Strauch- und Baumspitzen hinweg boten.

Im Hintergrund grenzte diese Schonung an einen Hochwald, der als dunkle Kulisse die Sicht über das Jungholz abschloss. Am Wegesrand streckten die ersten Primeln ihre knallig gelben Blüten als Frühlingsgruß aus dem Boden. Bärlauch bedeckte vielerorts mit seinem satten Grün den Boden und verbreitete einen angenehmen Duft leicht nach Knoblauch und Frühling. Beim Herangehen hatten wir zahlreiche, den Waldweg kreuzende Wechsel gesehen. „Rotwild aber auch Schwarzwild hat hier, in diesen Dickungen, seinen Einstand", erklärte Stefan. Als mein Blick in die Dickungen etwas eindringen wollte, sah ich zahlreiche Pfützen, die dort vom Regen übrig geblieben waren. Man konnte sogar meinen, der gesamte, etwas tiefer liegende Jungwald war vom Wasser weitläufig überflutet. „Für die Äsung der Schnepfen und deren Stechen nach Würmern ist dies bestimmt keine schlechte Voraussetzung" dachte ich vor mich hin, als ich es mir auf einem Jagdstock bequem machte.

Noch war etwas Zeit, den Abend im Walde wirken zu lassen: Die Vögel um mich herum zwitscherten in vollem Tone, der Himmel über mir war von leichten Wolken verdeckt. Ich saß auf meinem Jagdstock in besinnlicher Ruhe. Nur die Augen und Ohren waren auf „hellwach" gestellt. Immer wieder streiften die Augen suchend über die Kulturen in meinem Umfeld. Die Ohren lauschten nach einem „pswitt" oder auch einem „Oark", das das Gezeter der Vögel durchdringen könnte. Die Dämmerung näherte sich mit großen Schritten, über den Bäumen machten sich mehrere Nebelfetzen wie schlaffe Fahnen breit. Der Gesang der Vögel wurde merklich schwächer und Stefan meinte nach Kontrolle seiner Uhr, es sei Zeit für den Strich. Ich verließ meine Ruhestellung und begab mich aus meiner eher betrachtenden Haltung in höchste Aufmerksamkeit und Schussbereitschaft. Ich überblickte die Dickung vor mir, Stefan konzentrierte sich auf die Schonung in meinem Rücken.

So konnten wir den gesamten Umkreis bestens kontrollieren. Minute um Minute verging. Die Nacht brach allmählich mit heraufziehender Dunkelheit herein. In voller Aufmerksamkeit streiften meine Augen immer wieder über die Dickung vor mir. Eine Fledermaus flog an mir vorbei und versetzte mich in kurze Erregung. Eine kleine Ausholbewegung zum Anbacken der Flinte, doch sofort war der Verursacher als „falscher Vogel" erkannt. Die Spannung kehrte, für einen kurzen Moment abgeflacht, zurück. Inmitten dieser Phase höchster Konzentration hörte ich, wie Stefan zu meiner Gattin sagt: „Das ist heute schon der dritte Strich, bei dem wir nichts sehen. Es ist kaum glaublich, denn Schnepfen müssten eigentlich da sein!"

Die Wirkung um diesen Satz war kaum verklungen, da erblicke ich hoch oben am schon ziemlich dunklen Himmel einen kleinen Vogel in zügigem Fluge schräg auf mich zustreichen. Im ersten Moment denke ich, „eine Schwalbe". Dennoch entscheide ich in Sekundenschnelle für mich: „Das ist eine Schnepfe". Ich backe an, ziehe durch und der Schuss bricht in den Abendhimmel. Ich warte eine Sekunde, ob das beschossene Tier etwa zeichnet: „Nichts zu erkennen!" Zügig setzt der Vogel seinen Flug fort. Jetzt erneut das Ziel aufgenommen, noch weiter als vorher durchgeschwungen und der zweite Schuss kracht in den Abend. Tödlich getroffen stürzt der Langschnabel wie ein Stein aus großer Höhe zu Boden. Mit einem deutlich hörbaren „platsch" schlägt das Tier in einiger Entfernung hinter mir hart auf. „Weidmannsheil" rief mir Stefan zu. „Die war aber weit entfernt", meinte er und ergänzte: „Sie ist in das Wasser gefallen". Freude über den Anblick der ersten Schnepfe und den erfolgreich abgegebenen Schuss machten sich spontan breit. Aber in diesem Moment war hierfür noch nicht richtig Zeit. Mögliche weitere Langschnäbel erforderten meine volle Konzentration. Da durchbrach ein Schuss aus der Richtung von Heinz die Abendruhe. „Bravo", dachte ich, „jetzt hat auch Heinz Erfolg gehabt! Geteilte Freud ist eben doppelte Freude!"

Ohne Hund – keine Jagd

In der Zwischenzeit machte sich Stefan auf den Weg, um nach der Beute zu suchen. Mit der Taschenlampe in der Hand durchstreifte er die dichte Dickung hinter mir. Nur langsam watend kam er vorwärts, denn das weitflächig verbreitete Wasser war im gesamten Unterholz ziemlich tief. Nach einer Weile des Suchens kam er wieder aus der Dickung heraus, ohne jedoch etwas gefunden zu haben. Er markierte die Stelle, in deren Höhe der Vogel liegen sollte, mit einem Taschentuch und ging zu Heinz, um diesen mit seiner „Eloise" zur Nachsuche zu bitten. In der Zwischenzeit, da ich auf die beiden (eigentlich waren es drei) Helfer wartete, dachte ich an die vier Regeln einer erfolgreichen Schnepfenjagd und ergänzte sie gedanklich um eine weitere, nämlich das erlegte Tier auch zu finden. Hierzu ist manchmal, wie eben an diesem Abend auch, wohl ein Hund unabdingbar.

Aber eine Schnepfe zu finden und zu apportieren ist für einen jüngeren, auf diese Wildart unerfahrenen, vierbeinigen Helfer zweifellos ein besonderer Auftrag. „Ob Heloise diese Aufgabe wird meistern können?" fragte ich mich in diesem Moment. „Hoffentlich findet sie auch den wohl ziemlich wittrungsarmen Vogel!" waren meine bewegten Gedanken, die einen Augenblick lang sogar den Zweifel hegten, ob das Tier auch wirklich treffsicher erlegt sei. Aber aufgrund des Zeichnens und des Sturzes waren diese Zweifel wieder rasch beseitigt. Allerdings kann ein gestrecktes Objekt erst dann für vollkommene Zufriedenheit sorgen, wenn der Schütze es als Beute in Besitz genommen hat. Dann und nur dann kann wirkliche Freude über das jagdliche Ergebnis aufkommen. Meine Zweifel und meine Unsicherheit und damit auch Unzufriedenheit waren jedoch rasch beseitigt, als Heinz seine Eloise mit einem „Such, Verloren, Apport" in die Dickung schickte.

Es waren vielleicht zwei oder drei Minuten vergangen, da hörte ich Heinz in der Dickung mit einem „so ist sie brav" seinen Hund abliebeln. Ein kurzes „wir haben sie" beendete die Suchaktion. Mit einem „Weidmannsheil" überreichte mir Heinz meine erste Beute dieser Jagdreise. Hoch beglückt, erfreut und auch ein bisschen stolz nahm ich den Vogel in Empfang. Nun hielt ich sie in Händen, die erfreuliche Strecke dieses Abends. Stefan schloss sich ebenfalls in Freude mit einem gratulierenden Handschlag an. Details zum Verlauf des Abends mit seinem erfolgreichen Ende wurden rasch ausgetauscht. Heinz hatte seinen Schuss auf eine zu spät erkannte Schnepfe abgegeben, allerdings ohne einen Treffer erzielen zu können.

Ein „Extra" wird geboten

Auf dem Rückweg zum Auto hatten wir noch ein Geschehen zu bestaunen, das uns allen lange in Erinnerung bleiben wird: Im Gänsemarsch reihten wir uns hinter Stefan ein, der mit seiner Taschenlampe größere Pfützen oder als Stolpersteine quer zum Wege laufende Wurzeln ausleuchtete. Bereits vorher hatte Heinz erzählt, dass in der Dickung hinter ihm Sauen zahlreiche Geräusche abgegeben hätten. Als er dieses so sagte, dachte ich nicht weiter an etwas Besonderes; ich nahm es einfach nur zur Kenntnis. Plötzlich verharrte Stefan am Wege und machte uns mit deutlicher Gestik auf ein Geräusch aufmerksam, das als Summen, Grummeln und leichtes Knurren aus der Dickung direkt neben uns entgegen kam. Ein paar Schritte weiter und das Summen und Brummen wurde immer lauter. Wie aus einem Bienenstock hörten wir ein gleichtöniges Gebrumm. Stefan leuchtete den Weg vor uns aus und siehe da: vielleicht dreißig oder gar vierzig Frischlinge, die vielleicht eine Woche alt sein mochten, suchten auf dem Wege, vielleicht fünf bis zehn Meter vor uns, nach Nahrung. „Ganz ruhig stehen bleiben" flüsterte Stefan uns zu. Die kleinen Geister trollten regelrecht umher und ließen sich durch das Licht der Taschenlampe keineswegs beunruhigen. Allmählich zogen sie sich wieder in die Dickung zurück. Mit unserem Verhalten wollten wir vermeiden, dass einer dieser gestreiften kleinen Gesellen im Lichtkegel erschrecken könnte und deshalb vielleicht mit einem ängstlichen „Quiek" seine Mutter um Hilfe holen würde. Eine so ausgelöste Begegnung mit einer führenden Bache ist bestimmt für niemanden erstrebenswert. Mit erhöhtem Puls passierten wir die Stelle, da wir die kleinen direkt neben uns aus dem Unterholz brummeln hörten. Erleichtert und doch vom soeben Erlebten angetan nahmen wir im Lada Platz. Stefan meinte hierzu abschließend, dass es sich um mehrere Bachen gehandelt habe, die soeben ihre Kinderschar ausgeführt hätten. Dieses war ein Erlebnis, das nicht auf der „Tageskarte" gestanden hatte. So war der vergangene Abend mit zahlreichen Eindrücken besetzt, die für uns alle in die Kategorie „bleibend" einzureihen sind.

Ein durchaus glücklicher Tag

Nach unserer Ankunft im Forsthaus wurde zunächst einmal nach „Weidmanns Art" die Strecke verblasen. „Flugwild tot" und „Halali" hallten als Echo aus dem nahen Forst durch die Nacht zu uns zurück. Der stolze Schütze wurde von allen Beteiligten und Unbeteiligten beglückwünscht, die Beute der Förstersfrau zur kühlen Aufbewahrung übergeben. An dem folgenden, lange dauernden Abend kreiste unsere Unterhaltung um die Schnepfenjagd und vor allem um zahlreiche Geschichten, mittels derer die Gefährlichkeit von Bachen, besonders wenn sie führen, auf schauerliche Weise zum Ausdruck gebracht wurde. Wie in einem Gruselkabinett erzählte Stefan von Hunden, die von Bachen gestellt und auch tödlich verletzt wurden und von Menschen, die durch unachtsame Begegnungen mit diesen Tieren durch Bisse erheblich verwundet wurden. Meine Gattin meinte, die durchstandene Gefahr hoch rechnend, dass wir (und damit meinte sie mich und sich selbst) heute wirklich zweimal „echtes Glück" gehabt hätten. Mit dem zweiten, in der Reihenfolge eigentlich ersten Glück, das mich persönlich doch mehr betroffen gemacht hatte, in Gedanken, verabschiedete ich mich ins Bett, um für den kommenden Morgen wieder gerüstet zu sein.

Allerdings Schlaf konnte ich noch keinen finden. Zu sehr war meine Stimmung und mein Hochgefühl von „meiner" Schnepfe aufgewühlt. Eine Chance, dieses Gefühl im Laufe des Abends allmählich abzubauen, hatte ich wegen der „Schweinegeschichten" kaum. Die meiste Zeit war der Langschnabel völlig in den Hintergrund geraten. Bei mir persönlich blieb er jedoch den ganzen Abend gedanklich und gefühlsmäßig präsent. So dachte ich, endlich im Bette liegend, an die vierte Regel effektiver Schnepfenjagd und die hierbei geforderte Aufgabe des erfolgreichen Treffens der Vögel. „Wie will man jemals erfolgreich auf diese Tiere jagen, wenn man mit seinem Handwerkszeug, der Flinte, nicht richtig umzugehen gelernt hat?" fragte ich mich selbst.

Meine Gedanken richteten sich dabei auf die Gruppe, die vor uns hier war und die gezeigt hat, dass dann die Chancen auf Erfolg äußerst gering sind, wenn man darauf angewiesen ist, dass die Schnepfen möglichst in der Hochbalz und dann noch in hoffentlich langsam vorgetragenem Fluge vor einem auftauchen. „Wie unverantwortlich ist es auch, auf diese zweifellos sehr vereinzelt vorkommenden Tiere einen unqualifizierten Schuss abzugeben und dabei die Vögel vielleicht nur zu verwunden!" folgerte ich weiter. „Unsere Verantwortung als Jäger verlangt, dass wir mit unserem Schießgerät zu hantieren gelernt haben und dass wir dieses Können und diese Fertigkeit auch verantwortungsvoll einsetzen. Freilich, vor einem Fehlschuss ist niemand gefeit, allerdings sollte man den Treffer als das wahrscheinlichere Ereignis stets erwarten können. Hierzu sollten zahlreiche Jäger, die ich in unseren Breiten unzulänglich vorbereitet auf Flugwildjagden sehe, viel mehr die Schießstände aufsuchen. Dort sollten sie durch mehr Übung auch mehr Fertigkeit erlangen können. Erlebnisse beim verpflichtenden Hegeringschießen auf Tontauben ließen mich so manchmal ins Staunen geraten, wenn alt erfahrene Nimrode auf dem Schießstand mit ihrer Flinte deutlich sichtbar auf Kriegsfuß stehen und sich letztlich mit ein paar wenigen Treffern begnügen müssen. Begegnet man denselben Herren dann im Herbst auf einer Treibjagd, kann man nur wünschen, dass sie zum Wohle der Kreatur einen äußerst schlechten Anflug haben. Gedanken an eine stets zu wiederholende, verpflichtende Eignungsprüfung, speziell im Umgang mit der Flinte, kommen in derartigen Situationen immer wieder auf. Am Ende kann Jagen doch erst dann wirklich Spaß machen, wenn der beschließende Umgang mit dem Gewehr auch erfolgreich verläuft. Ein Verfahren nach „trial and error" (Versuch und Irrtum) verbietet die Verantwortung vor der Kreatur." Mit solch belehrenden Gedanken fand ich immerhin allmählich Abstand von einem anstrengenden aber beglückenden Tag und konnte schließlich etwas Schlaf finden.

Ungarische Gehirnwäsche

Am nächsten Morgen hatten wir geplant, eine neue Gegend aufzusuchen. Dort war bereits beim Herangehen an den Stand auch in der Dunkelheit erkennbar, dass hier noch mehr Wasser in riesengroßen Lachen verteilt war. Wie in einer finnischen Seenlandschaft stapften wir zum Ansitz. Dort nahm ich am Rande einer größeren Überschwemmung meine Position ein und versuchte, gleich von Anfang an im Dunkel des Morgenhimmels eventuell vorbeihuschende Vögel mit dem langen Gesicht zu erspähen. Aber eines störte mich erheblich in meiner Konzentration: Rund um mich herum ertönte wie der Grundton eines Dudelsackes eine lautes Gequake der Kröten und Frösche, die in diesem Biotop ihr Paradies gefunden hatten und in Hochzeitsstimmung waren. Im Laufe der Zeit wurde es so unerträglich laut, dass ich als Lehrer zumindest emotional geneigt war, mit einem hinaus geschrieenen „Ruhe hier" für Abhilfe zu sorgen.

Aber sofort wurde mir bei diesem Ansinnen klar, dass ich nur Gelächter von den Fröschen geerntet hätte. „Also nimmst du diese Gehirnwäsche freiwillig in Kauf und konzentrierst dich auf die Schnepfen!" belehrte ich mich selbst. So befolgte ich es auch und entdeckte einen Moment später einen Langschnabel, der am jenseitigen

Ufer des Wassers in die schützenden Schatten der Bäume eintauchte. Die Flinte fuhr noch hoch, aber das Ziel war, jetzt unsichtbar, entflohen. Die Patrone blieb unbenutzt im Laufe stecken. Wieder ein paar Augenblicke danach rief mir Stefan „Schnepf, Schnepf" zu, aber ich konnte den Vogel nicht erspähen. Wieder einige Sekunden später entdeckte ich im düsteren Grau des noch dunklen Himmels eine weitere Schnepfe, als sie sich hoch oben am Himmel aus meiner Sicht entfernte.

„Für einen Schuss viel zu spät erkannt und außerdem auch zu weit" war mein spontaner Gedanke. Das war dann auch der Strich an diesem Morgen. Nur noch einige Fledermäuse huschten auf mich zu und an mir vorbei. Einige Male versetzten sie mich in Schussbereitschaft. Dann kehrte allmählich Ruhe ein, auch bei den Fröschen. Das Gezeter dieser Tiere war an diesem Morgen so laut, dass man weder einen Vogel noch ein anderes Geräusch hätte wahrnehmen können. Meine persönliche Schmerzgrenze für Lärmempfinden war beinahe erreicht. Wie eine Erholung wirkte unser Rückweg zum Auto, bei dem das Gequake immer mehr in den Hintergrund geriet.

Ein Morgen voller Überraschungen

Auf dem Weg nach Hause freute ich mich schon auf die Fotos, die ich von meinem Beutevogel des Vorabends im Laufe des Vormittages machen wollte. Als Stilleben, drapiert mit verschiedenen Frühlingsblumen, oder auch als Personenporträt mit Beute und Flinte stellte ich mir die verschiedenen Einstellungen vor. Auch freute ich mich schon auf ein kleines Präparat der Schnepfe mit Kopf und fächerartig aufgereihtem Stoß, das ich zu Hause anfertigen lassen wollte und für das ich in meinem Jagdzimmer bereits einen Ehrenplatz ausgesucht hatte. Aber hierzu war ja noch im Laufe des Vormittages Zeit genug. Zunächst legte ich mich, im Forsthaus angekommen, noch für ein Stündchen auf den Rücken, um wenigstens einen Teil der versäumten Nachtruhe wieder hereinzuholen.

So schlief ich auch rasch ein und erwachte, als das Frühstück bereits auf mich wartete. Während dem Essen kam mir Stefan entgegen und legte mir zwei „Malerfedern" auf den Tisch. Bei diesem Anlass fragte ich so nebenbei nach dem Verbleib der Schnepfe, um sie mir etwas später für mein geplantes Vorhaben abzuholen. Zu meinem Schreck erfuhr ich von Stefan, dass dieser Vogel bereits für die Küche gerupft würde oder sogar vermutlich schon gerupft sei. Wenn ich noch ein paar Federn haben wollte, so müsste ich in den Hof des Forsthauses gehen, dort sei das Tier gerade in Bearbeitung.

Erschreckt und sogar enttäuscht über das eigenmächtige, sicher jedoch gut gemeinte, Vorgehen des Oberförsters rannte ich in den Hof, um noch eventuell eine „letzte Rettung" vornehmen zu können. Aber als ich dort ankam, musste ich erkennen, dass ein völlig nackt gerupfter Vogel gerade seiner letzten Federchen auf dem Kopf beraubt wurde. Bei näherem Betrachten entdeckte ich auch noch, dass sogar die Bürzeldrüse vom „Bart", meinem letzten Trophäenwunsch, sauber und ordentlich befreit war. Ich hätte weinen können, ahnte ich doch, dass diese Schnepfe bei eben dieser Veranstaltung eine Rarität bleiben würde.

Stefan, der mir die Enttäuschung und Trauer ansah, vertröstete mich auf eine weitere Schnepfe, die ich gewiss heute, am letzten Abend, oder auch morgen beim letzten Frühstrich erlegen würde. Aber hierzu kam es leider nicht mehr. Weder am folgenden Abend noch am Morgen des nächsten Tages bekam weder ich noch einer meiner Freunde eine Schnepfe zu Gesicht, geschweige denn vor die Flinte. So war meine Befürchtung um eine Schnepfenjagd ohne dokumentierte Erinnerung Wirklichkeit geworden. Im Reisegepäck lag ein gerupfter Schnepfenvogel, den ich wenigstens nach meiner Rückkehr in Deutschland in seiner Vergänglichkeit durch ein gebührendes Gericht ordentlich und etwas nachhaltig ehren wollte.

Abschließend sei noch zu Heinz „dem Dünnen" angefügt, dass er von einem persönlichen Jagdbetreuer geführt und in einem „Trabi" täglich ausgefahren wurde. Seine Erlebnisse konzentrierten sich auf das Ansprechen und Beobachten zahlreichen Rotwildes, beinahe unzähliger Sauen und auch einiger phantastischer Rehböcke. Aber deswegen war Heinz nicht mit uns gekommen. Noch nie hatte er bislang das Erlebnis eines Schnepfenstrichs gehabt. Dies blieb auch nach Ungarn so. Glück gehört eben dazu, auch zur Jagd!

159